HANS CARL NIPPERDEY/FRANZ-JÜRGEN SÄCKER

Zur verfassungsrechtlichen Problematik von Finanzausgleich und Gemeinlast in der Sozialversicherung

Schriften zum Sozial- und Arbeitsrecht

Band 4

Zur verfassungsrechtlichen Problematik von Finanzausgleich und Gemeinlast in der Sozialversicherung

Von

Prof. Dr. Dr. h. c. Dr. h. c. Dr. h. c. Hans Carl Nipperdey

Assessor Dr. Franz-Jürgen Säcker

DUNCKER & HUMBLOT / BERLIN

Alle Rechte vorbehalten
© 1969 Duncker & Humblot, Berlin 41
Gedruckt 1969 bei Alb. Sayffaerth, Berlin 61
Printed in Germany

Inhaltsverzeichnis

Erster Teil: Einleitung 9

§ 1: Einführung in die Problematik 9

Zweiter Teil: Sozialer Lastenausgleich und Sozialversicherungsprinzip .. 13

§ 2: Aufgabe, Funktion und Strukturprinzipien der Sozialversicherung aus der Sicht der Verfassung 13

§ 3: Finanzausgleich und Gemeinlast als rechtstechnische Instrumente des sozialen Ausgleichs zwischen rechtlich selbständigen Versicherungsträgern 23

Dritter Teil: Sozialer Lastenausgleich und rechtsstaatlicher Grundrechtsschutz 29

§ 4: Die Vereinbarkeit von sozialversicherungsrechtlichen Lastenausgleichsverfahren mit Art. 3 Abs. 1 GG 29

§ 5: Die Vereinbarkeit von sozialversicherungsrechtlichen Lastenausgleichsverfahren mit Art. 14 GG 44

§ 6: Die Vereinbarkeit von sozialversicherungsrechtlichen Lastenausgleichsverfahren mit Art. 2 Abs. 1 GG 47

    1. Sozialversicherungsinterner Lastenausgleich als rechtsstaatswidriges Maßnahmegesetz? 48

    2. Sozialversicherungsinterner Lastenausgleich als staatshaushaltsrechtswidrige Maßnahme? 49

Vierter Teil: Sozialer Lastenausgleich und Subventionsrecht 53

§ 7: Die Vereinbarkeit von sozialversicherungsrechtlichen Lastenausgleichsverfahren mit Art. 4 lit. c EGKS-Vertrag 53

Fünfter Teil: Ergebnis der Untersuchung 56

Abkürzungsverzeichnis

AcP	Archiv für die civilistische Praxis
AöR	Archiv des öffentlichen Rechts
AVG	Angestelltenversicherungsgesetz
BABl.	Bundesarbeitsblatt
BAG	Bundesarbeitsgericht
BB	Betriebs-Berater
Betr.	Der Betrieb
BFH	Bundesfinanzhof
BGB	Bürgerliches Gesetzbuch
BGBl.	Bundesgesetzblatt
BGG	Bonner Grundgesetz
BGH	Bundesgerichtshof
BGHZ	Entscheidungen des Bundesgerichtshofs in Zivilsachen (Amtliche Sammlung)
BRD	Bundesrepublik Deutschland
BSG	Bundessozialgericht
BSGE	Entscheidungen des Bundessozialgerichts (Amtliche Sammlung)
BT-Drucksache	Bundestagsdrucksache
BVerfG	Bundesverfassungsgericht
BVerfGE	Entscheidungen des Bundesverfassungsgerichts (Amtliche Sammlung)
BVerwG	Bundesverwaltungsgericht
BVerwGE	Entscheidungen des Bundesverwaltungsgerichts (Amtliche Sammlung)
DÖV	Die öffentliche Verwaltung
DRdA	Das Recht der Arbeit
DVBl.	Deutsches Verwaltungsblatt
EGKS	Europäische Gemeinschaft für Kohle und Stahl
FRG	Fremdrentengesetz
GG	Grundgesetz
HdSW	Handwörterbuch der Sozialwissenschaften
JuS	Juristische Schulung
JZ	Juristenzeitung
LSG	Landessozialgericht

MDR	Monatsschrift für Deutsches Recht
NJW	Neue Juristische Wochenschrift
RabelsZ	Rabels Zeitschrift
RdA	Recht der Arbeit
RFH	Reichsfinanzhof
RVO	Reichsversicherungsordnung
SAE	Sammlung arbeitsrechtlicher Entscheidungen
SG	Sozialgericht
SGG	Sozialgerichtsgesetz
StGB	Strafgesetzbuch
UVNG	Unfallversicherungs-Neuregelungsgesetz
VVdStRL	Veröffentlichungen der Vereinigung der deutschen Staatsrechtslehrer
WiGBl.	Gesetzblatt der Verwaltung des Vereinigten Wirtschaftsgebietes
ZaöRV	Zeitschrift für ausländisches öffentliches Recht und Völkerrecht
ZAS	Zeitschrift für Arbeits- und Sozialrecht
ZfStW	Zeitschrift für die gesamte Strafrechtswissenschaft
ZPO	Zivilprozeßordnung

1. Teil: Einleitung

§ 1: Einführung in die Problematik

Die Bundesrepublik Deutschland hat kein einheitliches, aus Elementen der *Fürsorge* (Sozialhilfe), *Versorgung* und *Versicherung* zusammengesetztes Rechtssystem der *Sozialen Sicherheit* („social security"), sondern ein höchst differenziertes und komplexes *Vorsorgesystem* für Krankheit, Alter, Invalidität, Arbeitslosigkeit und Arbeitsunfall, das neben unübersehbaren Vorzügen auch zahlreiche Schwächen in sich vereint[1]. Das wird besonders deutlich bei der gesetzlichen *Sozialversicherung*. Dieses durch staatlichen Zwang (*Versicherungspflicht* und *Zwangsmitgliedschaft*) abgestützte *System organisierter Selbsthilfe* ist, bedingt durch seine Entstehungsgeschichte[2], in verschiedene Versicherungszweige mit unterschiedlich organisierten Versicherungsträgern mit dem Status öffentlich-rechtlicher Körperschaften (vgl. Art. 87 Abs. 2 GG) und Anstalten aufgefächert.

So sind Träger der gesetzlichen Krankenversicherung die *Orts-, Betriebs- und Innungskrankenkassen*, die *Seekrankenkasse*, die *Bezirksknappschaften* für den Bergbau und die *Ersatzkassen* auf privatwirtschaftlicher Grundlage (vgl. §§ 306 ff. RVO).

Träger der gesetzlichen Unfallversicherung sind die *Berufsgenossenschaften*, d. h. Zwangszusammenschlüsse branchengleicher *Unternehmen* (vgl. §§ 658 ff. RVO).

---

[1] Vgl. dazu D. *Schäfer*, Die Rolle der Fürsorge im System sozialer Sicherung, 1966, insbesondere S. 140 ff.; *Wannagat*, Lehrbuch des Sozialversicherungsrechts, Bd. I, 1965, S. 1 ff.; 162 ff.; *Achinger*, Soziale Sicherheit, 1953; *Weisser*, Soziale Sicherheit, in: HdSW, Bd. 9, 1956, S. 396 ff.; H. J. *Wolff*, Verwaltungsrecht, Bd. III, 2. Aufl. 1967, §§ 138—153; *Jantz*, Strukturprinzipien der sozialen Sicherung der Gegenwart, in: Schewe-Nordhorn, Übersicht über die soziale Sicherung in der Bundesrepublik Deutschland, 5. Aufl. 1964, S. 12 ff., alle mit weiteren Nachweisen.

[2] Das deutsche Sozialversicherungsrecht hat sich aus den Gesetzen über die *Krankenversicherung* (1883), *Unfallversicherung* (1884) sowie die *Invaliditäts- und Altersversicherung* (1889) entwickelt. Diese Gesetze wurden 1911 in der *Reichsversicherungsordnung* (RVO) zusammengefaßt. 1911 wurden ferner das *Angestelltenversicherungsgesetz* (AVG) und 1923 das *Reichsknappschaftsgesetz* geschaffen, 1927 das *Gesetz über Arbeitsvermittlung und Arbeitslosenversicherung* (AVAVG); vgl. dazu näher *Wannagat*, a.a.O. S. 40 ff., 61 ff., 183 ff.; zum AVAVG *Nipperdey* (unter Mitarbeit von *Säcker*), in: Das Arbeitsrecht der Gegenwart, herausgegeben von G. Müller, Bd. IV, 1967, S. 23 (36 f.), beide mit weiteren Nachweisen.

Träger der Rentenversicherung der Arbeiter sind rechtsfähige *Landesversicherungsanstalten*, die nach Bestimmung der Landesregierungen errichtet werden, zwei *Sonderanstalten* (die Bundesbahnversicherungsanstalt und die Seekasse) und die Knappschaften als ständische Versicherungsträger der Bergleute. Träger der Rentenversicherung der Angestellten ist die *Bundesversicherungsanstalt für Angestellte*. Im Gegensatz zu den Krankenversicherungs- und Unfallversicherungsträgern haben die Träger der Rentenversicherung keine Mitglieder[3]. Ihre Organe sind die Vertreterversammlung, die sich aus den gewählten Vertretern der Versicherten und Arbeitgeber paritätisch zusammensetzt, und der von der Vertreterversammlung gewählte Vorstand, der die Eigenschaft einer öffentlichen Behörde hat.

Träger der Arbeitslosenversicherung ist die *Bundesanstalt für Arbeitsvermittlung und Arbeitslosenversicherung*.

Die Vielzahl rechtlich selbständiger Träger der gesetzlichen Sozialversicherung erweist sich indes bei *strukturellen* Einnahme- und Ausgabenverschiebungen[4], die dazu führen, daß in einem Bereich die Einnahmen nicht ausreichen, um die Ansprüche der Versicherten zu decken, in einem anderen Bereich aber erhebliche Beitragsüberschüsse erzielt werden, als Hemmnis für einen sachgerechten Lastenausgleich zwischen den einzelnen Versicherungsträgern. Strukturelle Ungleichgewichte zwischen dem Beitragsvolumen einerseits und dem Volumen der Zahlungsverpflichtungen andererseits können auf Grund der spezifischen Eigenart des Finanzierungssystems der Sozialversicherung, namentlich auf Grund des in der heutigen Rentenversicherungsgesetzgebung vollzogenen Übergangs vom Kapitaldeckungs- zum Abschnittsdeckungsverfahren, bei den einzelnen Rentenversicherungsträgern, den Berufsgenossenschaften, aber auch bei den Trägern der gesetzlichen Krankenversicherung auftreten. Will der Gesetzgeber wirtschaftlich unzumutbare, im Bereich der gesetzlichen Unfallversicherung u. U. ruinöse Beitragserhöhungen bei den von den Strukturwandlungen negativ betroffenen Versicherungsträgern bzw. eine Beihilfegewährung aus staatlichen Mitteln (sei es über höhere Bundeszuschüsse, sei es über eine Inanspruchnahme als Ausfallbürge gemäß §§ 389 Abs. 2 Satz 2; 1384 RVO; 111 AVG) zwecks Befriedigung der Ansprüche der Versicherten vermeiden, so muß er, wenn er die *organisatorische* Selbständigkeit und Selbstverwaltung der bestehenden Träger der Sozialversicherung aus politischen Gründen aufrechterhalten will, durch legislative Maßnah-

---

[3] Vgl. das *Gesetz über die Selbstverwaltung und über Änderungen von Vorschriften auf dem Gebiet der Sozialversicherung* vom 22. 2. 1951, jetzt in der Fassung vom 13. 8. 1952 (BGBl. I, 427), zuletzt geändert durch das 6. Änderungsgesetz vom 19. 7. 1965 (BGBl. I, 618); ferner §§ 1326 ff., 1329 RVO; dazu BVerfGE *21*, 362 ff.; abweichend H. J. Wolff, Verwaltungsrecht, Bd. II, 2. Aufl. 1967, § 96 IV (S. 289 f.).

[4] *Konjunkturbedingten* Schwankungen der Einnahmen und Ausgaben hat dagegen jeder Versicherungsträger grundsätzlich selbst durch Bildung einer seine Liquidität sicherstellenden *Schwankungsreserve* Rechnung zu tragen.

§ 1: Problematik

men für einen *finanziellen* Ausgleich unter den Versicherungsträgern sorgen.

Ein besonders anschauliches Beispiel für die Notwendigkeit solcher Lastenausgleichsverfahren bietet gegenwärtig die Diskussion um die Schließung der in den nächsten Jahren zu erwartenden Finanzierungslücke in der gesetzlichen Arbeiterrentenversicherung. Bei unveränderter Beibehaltung der bisherigen Organisations- und Finanzierungsstruktur hätten die 18 Träger dieser Versicherung bis 1972 ein Defizit in Höhe von 12 Milliarden DM zu erwarten und hätten bis zu diesem Zeitpunkt, wenngleich auch hier regional nicht unerhebliche Unterschiede zwischen den einzelnen Versicherungsträgern bestehen, ihr Vermögen aufgezehrt, obgleich erst nach diesem Zeitpunkt der Aufstieg auf den „Rentenberg" droht. Der Bund sieht sich finanziell nicht in der Lage, die Bundeszuschüsse zu erhöhen; wesentliche Beitragserhöhungen scheiden augenblicklich gleichfalls als diskutable Alternative aus. Die gesetzliche Angestelltenversicherung wird dagegen nach den amtlichen Vorausschätzungen des Bundesministeriums für Arbeit und Sozialordnung wenigstens noch einstweilen erhebliche Überschüsse (bis 1972: 6,8 Milliarden DM) erzielen. Es stellt sich daher die Frage, ob der Bundestag, der noch in diesem Jahr über das Dritte Rentenänderungsgesetz, insbesondere über die Rücklagebestimmungen der Rentenversicherung, berät, durch Anordnung eines *Finanzausgleichs* oder einer *Gemeinlast* zwischen den Trägern der Arbeiter- und der Angestelltenrentenversicherung in verfassungsrechtlich zulässiger Weise die zu erwartende Finanzierungslücke der gesetzlichen Arbeiterrentenversicherung wenigstens teilweise schließen kann.

Vorweg sei bemerkt, daß die Frage nach den Zulässigkeitsvoraussetzungen von sozialversicherungsrechtlichen Lastenausgleichsverfahren hier nur in verfassungs*rechtlicher* Hinsicht geprüft, zur Frage der sozial*politischen* Zweckmäßigkeit einer solchen Regelung dagegen nicht Stellung genommen wird. Der nicht selten zu beobachtenden Neigung, Gesetze (Gesetzesvorhaben) allein deshalb, weil sie jemandem *subjektiv* unerwünscht sind, als verfassungswidrig zu bekämpfen, muß entschieden entgegengetreten werden. Die verfassungsrechtlichen Möglichkeiten und Grenzen für die legislative Einführung eines Gemeinlast- oder Finanzausgleichsverfahrens zwischen rechtlich selbständigen Versicherungsträgern lassen sich auf objektiver Grundlage am besten an dem gegenwärtig markantesten und problematischsten, durch eine Entscheidung des *Bundesverfassungsgerichts* vom 19. 12. 1967 (NJW *1968,* 739 ff.) endgültig geklärten Fall einer gesetzlichen Verpflichtung von Sozialversicherungsträgern zur Mitfinanzierung der von einem anderen Versicherungsträger aufzubringenden Leistungen herausarbeiten.

In dem vom *Bundesverfassungsgericht* entschiedenen Streitfall ging es um die Verfassungsmäßigkeit der in Art. 3 § 1 des Unfallversicherungs-Neuregelungsgesetzes (UVNG) vom 30. 4. 1963 (BGBl. I, 241) angeordneten finanziellen Überbürdung der Rentenlast der Bergbau-Berufsgenossenschaft aus Versicherungsfällen, die sich vor dem 1. 1. 1953 ereignet haben, der sog. *Altrentenlast*, auf alle gewerblichen Berufsgenossenschaften und die See-Berufsgenossenschaft nach einem in § 2 näher festgelegten Modus, dessen verfassungsrechtliche Zulässigkeit hier nicht erörtert werden soll. Die in Form

12   1. Teil: Einleitung

eines Gemeinlastverfahrens durchgeführte finanzielle Überbürdung wurde vom *Sozialgericht Duisburg*, von *Ohlgardt* und *Forsthoff* als eine mit Logik und Systematik des Sozialversicherungsrechts unvereinbare, gegen Art. 3 Abs. 1 GG verstoßende staatliche Subventionsmaßnahme zugunsten des Bergbaus angegriffen[5]. Sie verstoße außerdem gegen die Verfassungsgarantie des Eigentums (Art. 14 GG) und sprenge (so *Forsthoff*) durch die außerhalb des Haushaltsplanes ohne Beteiligung des Staates erfolgende Umverteilung das verfassungsmäßige Abgabensystem. Darin liege ein Verstoß gegen Art. 110 GG.

---

[5] Vgl. SG *Duisburg* v. 29. 10. 1964 — S 18 U 147/64 —; *Ohlgardt*, Die Teilung und Abwälzung finanzieller Lasten der Berufsgenossenschaften, Betr. *1964*, 369 f.; ders., Umlagebescheide zur Rentenaltlast der Bergbau-Berufsgenossenschaft, BB *1964*, 1260 f.; *Forsthoff*, Die Umlegung der Altrentenlast von der Bergbau-Berufsgenossenschaft auf die Berufsgenossenschaften der gewerblichen Wirtschaft, Hektographiertes Rechtsgutachten vom 22. September 1965 (zitiert: Gutachten) und Ergänzungsgutachten vom 10. Februar 1967 (zitiert: Ergänzungsgutachten); ferner: Schriftsatz vom 30. Juni 1966 zur Begründung einer Verfassungsbeschwerde gegen das Zweite Vermögensbildungsgesetz vom 1. Juli 1965 — AZ: 1 BvR 411/66 — (zitiert: Schriftsatz Vermögensbildungsgesetz). Das Bundesverfassungsgericht hat die Verfassungsbeschwerde inzwischen als unzulässig zurückgewiesen; vgl. RdA *1968*, 108.

2. Teil: Sozialer Lastenausgleich und Sozialversicherungsprinzip

§ 2: Aufgabe, Funktion und Strukturprinzipien der Sozialversicherung aus der Sicht der Verfassung

Um entscheiden zu können, ob in der gesetzlichen Statuierung von Lastenausgleichsverfahren zwischen verschiedenen rechtlich selbständigen Trägern der gesetzlichen Sozialversicherung ein Verfassungsverstoß, namentlich ein Verstoß gegen den Gleichheitssatz liegt, ist zunächst eine Verständigung über Aufgabe, Funktion und Strukturprinzipien der deutschen Sozialversicherung aus Sicht der Verfassung erforderlich. Es gilt daher zu prüfen, was das Grundgesetz meint, wenn es in Art. 74 Nr. 12 GG dem Gesetzgeber u. a. die konkurrierende Gesetzgebungszuständigkeit für „die Sozialversicherung einschließlich der Arbeitslosenversicherung" zuweist.

1. Der verfassungsrechtliche Begriff der Sozialversicherung hat eine historisch-konventionell geprägte Komponente: Er umfaßt zweifellos die 1949 bei Schaffung des Grundgesetzes bestehenden Gesetze mit anerkanntermaßen sozialversicherungsrechtlichem Inhalt. Diese sind gemäß Art. 125 Nr. 1 mit Art. 74 Nr. 12 GG Bundesrecht geworden. Der Bundesgesetzgeber ist zu einer Neuregelung der fortgeltenden gesetzlichen Bestimmungen befugt; seine Gesetzgebungskompetenz umfaßt auch das Recht, die für die Aufbringung der Mittel geltenden Normen, also die Finanzierungsstruktur, abzuändern. Denn „die Festsetzung und Erhebung von Benutzungsgebühren, Beiträgen und Mitgliedschaftsbeiträgen ist in den Gesetzen zu regeln, durch die auch die Errichtung und das Funktionieren der betreffenden Institutionen geregelt wird; die Abgabenregelung ist insoweit integrierender Bestandteil der jeweiligen Gesetzgebungszuständigkeit"[1]. Daher haben grundsätzlich auch Regelungen, die einem Versagen der Sozialversicherung in einem bestimmten Bereich durch eine Neuverteilung des jeder Versicherung immanenten Risikos abhelfen sollen, sozialversicherungsrechtlichen Charakter.

---

[1] *Maunz*, in: Maunz-Dürig, Grundgesetz, 3. Aufl. 1968, Art. 105 Anm. 8; ebenso BVerfGE *11*, 105, 110; *LSG Hamburg*, in: Der Kompaß, Zeitschrift für Sozialversicherung im Bergbau, *1966*, 110 f.

2. Mit dieser allgemeinen Feststellung ist allerdings noch keine Aussage darüber möglich, ob eine gesetzliche Regelung, die durch Einbeziehung eines bislang noch nicht versicherungspflichtigen Personenkreises oder durch Einführung eines in dieser Form bislang noch nicht existenten Lastenausgleichsverfahrens zwischen verschiedenen Versicherungsträgern das Gleichgewicht zwischen Einnahmen und Ausgaben wenigstens vorübergehend wiederherzustellen versucht, dem verfassungsrechtlichen Kompetenztatbestand „Sozialversicherung" subsumiert werden kann. Das hängt ausschließlich von dem interpretativ zu ermittelnden objektiven Sinngehalt des Verfassungsbegriffs der Sozialversicherung ab. Mit der Herausarbeitung dieses Begriffs haben sich das *Bundessozialgericht* (BSGE 6, 213, 218, 227 f.) und das *Bundesverfassungsgericht* (BVerfGE 11, 105, 111 ff.) bei der Entscheidung über die verfassungsmäßigkeit des vom Bund erlassenen Kindergeldgesetzes vom 13. 11. 1954 (BGBl. I, 333) befaßt. Nach diesen Entscheidungen ist für die verfassungsrechtliche Klassifizierung eines Gesetzes als „sozialversicherungsrechtlich" allein maßgeblich, ob sich die Regelung „der Sache nach"[2] als Sozialversicherung darstellt.

Die Entscheidung darüber, ob eine gesetzgeberische Regelung einem bestimmten Rechtsbegriff oder Rechtsinstitut unterfällt, kann also nicht mittels einer entsprechenden „Etikettierung" durch den Gesetzgeber präjudiziert werden. Es liegt nicht in seiner Macht, zu klassifizieren und systematische Zusammenhänge herzustellen oder abzulehnen; er ist nicht imstande, „der Wissenschaft eine bestimmte Zuordnung einer Lebenserscheinung zu einem Begriff zu befehlen"[3]. Er kann theoretische

---

[2] Vgl. insbesondere BVerfGE *11*, 105, 112; *Bogs*, Zum verfassungsrechtlichen Begriff der Sozialversicherung, in: Festgabe für *H. Muthesius*, 1960, S. 47, 50; *v. Mangoldt-Klein*, Das Bonner Grundgesetz, Bd. II, 2. Aufl. 1964, Art. 74 Anm. XXVI 2 (S. 1607).

[3] *Herschel*, Sozialer Fortschritt 1965, Heft 6, Sonderdruck S. 3; ebenso *Müller-Freienfels*, Die Vertretung beim Rechtsgeschäft, 1955, S. 191; *G. Husserl*, Rechtskraft und Rechtsgeltung, 1925, S. V.; *Arnim Kauffmann*, Lebendiges und Totes in Bindings Normentheorie, 1954, S. IX f.; *Zöllner*, Die Rechtsnatur der Tarifnormen nach deutschem Recht, 1966, S. 8; *Schröder*, ZfgStrW *65*, 201 f.; *Schönke-Schröder*, Kommentar zum StGB, 15. Aufl. 1969, § 240 Anm. 16; *Stein-Jonas-Pohle*, Kommentar zur ZPO, 19. Aufl. 1964 ff., Vorb. II 3 a vor § 50; *Eisele*, AcP *69*, 275, 309; vgl. auch bereits *J. Kohler*, Über die Interpretation von Gesetzen, in: Zeitschrift für das Privat- und öffentliche Recht der Gegenwart, Bd. XIII, S. 1, 9; *v. Lübtow*, Probleme des Erbrechts, 1967, S. 11; *ders.*, Beiträge zur Lehre von der Condictio nach römischem und bürgerlichem Recht, 1952, S. 88; *ders.*, in: Festschrift für H. Lehmann, 1956, Bd. I, S. 344; *Siber*, Erbrecht, 1928, S. 108; *Henle*, Lehrbuch des Bürgerlichen Rechts, Bd. I, 1926, S. 43; *Kretschmar*, Die Theorie der Confusion, 1899, S. 247; *Canaris*, AcP *165*, 14; *Bailas*, Das Problem der Vertragsschließung und der vertragsbegründende Akt, 1962, S. 3; *Ramm*, JZ *1962*, 78, 81; *ders.*, Der Arbeitskampf und die Gesellschaftsordnung des Grundgesetzes, 1965, S. 49; *Siegers*, BABl. *1967*, 153; *Forsthoff*, Verwaltungsrecht, Bd. I, 9. Aufl. 1966, § 11, 1 (S. 195 f.); *Herschel*, Betr. *1966*, 227; *Münzberg*, Verhalten und Erfolg als Grundlagen der Rechtswidrigkeit und Haftung, 1966, S. 83 m. w. N.; ande-

Einsichten nur mittelbar durch die Anordnung bestimmter Rechtsfolgen beeinflussen. Umgekehrt können die den Gesetzgeber oder gar nur einzelne Abgeordnete bei der Schaffung einer bestimmten Regelung leitenden Motive eine *der Sache nach* boden-, urheber-, personalvertretungs- oder sozialversicherungsrechtliche Regelung nicht „umfunktionieren". Selbst wenn der Gesetzgeber z. B. das bürgerliche Recht zur Durchsetzung bestimmter sozialpolitischer Zwecke[4] oder das Sozialversicherungsrecht zur Verwirklichung ihm notwendig erscheinender energiepolitischer Maßnahmen „in Dienst nimmt", läßt sich aus diesem Normsetzungsmotiv allein nicht herleiten, daß die betreffenden Normen der Sache nach nicht dem bürgerlichen Recht oder dem Sozialversicherungsrecht angehören[5].

In Übereinstimmung mit der heute herrschenden Auffassung[6] gehen das *Bundessozialgericht* und das *Bundesverfassungsgericht* davon aus, daß der in der Kompetenznorm des Art. 74 Nr. 12 GG verwandte Begriff der Sozialversicherung ein Gattungsbegriff ist, der eine soziale Sicherung eigener Art meine, die versicherungsmäßige wie versorgungs- und fürsorgemäßige, auf sozialen Ausgleich gerichtete Strukturelemente untrennbar in sich umschließe. Das *Bundesverfassungsgericht* stellt unter Bezugnahme auf die Entscheidung des *Bundessozialgerichts* fest: „Diese Kompetenznorm ermöglicht die Einbeziehung neuer Sachverhalte in das Gesamtsystem Sozialversicherung, wenn die neuen Sozial-

---

rer Ansicht offenbar, aber ohne Begründung, *Bötticher*, Gestaltungsrecht und Unterwerfung im Privatrecht, 1964, S. 22; *Lorenz*, RabelsZ Bd. 30 (1966), 523.

[4] So wollte z. B. der Gesetzgeber durch die Novelle zum BGB vom 30. Mai 1908 aus sozialpolitischen Erwägungen den Halter von Haustieren, die dem Beruf, dem Erwerb oder dem Unterhalt des Tierhalters dienen, vom Risiko absoluter Haftung befreien und wandelte deshalb die durch das BGB geschaffene Gefährdungshaftung in eine Verschuldenshaftung (§ 833 Satz 2 BGB) um.

[5] BVerfGE *11*, 105, 112; ebenso auch BVerfG NJW *1968*, 739, 740 und BSGE 6, 213, 238.

[6] Vgl. *Bogs*, Grundfragen des Rechts der sozialen Sicherheit und seiner Reform, 1955, S. 15, 23, 25, 28, zusammenfassend S. 141; *ders.*, Zum verfassungsrechtlichen Begriff der Sozialversicherung, a.a.O. S. 48, 54; *Muthesius*, Gesamtbericht über den Deutschen Fürsorgetag, 1955 (Fürsorge- und Sozialreform), S. 27; *ders.*, Fürsorgeprinzip und Einkommenshilfe, in: Festschrift für W. Bogs, 1959, S. 247 f.; *Achinger*, Sozialpolitik als Gesellschaftspolitik, 1958, S. 116; *Wannagat*, Lehrbuch des Sozialversicherungsrechts, Bd. I, 1965, S. 20 ff., 221 ff.; *H. J. Wolff*, Verwaltungsrecht, Bd. III, 2. Aufl. 1967, § 139 III; *H. Schneider*, Die öffentlich-rechtliche Alterssicherung freier Berufe und das Grundgesetz, 1959, S. 48 ff.; *Schewe*, Über den sozialen Ausgleich in der Rentenversicherung, in: Festschrift für W. Bogs, 1959, S. 333 ff.; *Jantz*, Prinzipien der Gesetzgebung der Unfallversicherung, in: Festschrift für H. Lauterbach, 1961, S. 15, 17, 19; *Lauterbach*, Die Berufsgenossenschaften, 1953, S. 125 f.; *Maunz*, in: Die Sozialversicherung der Gegenwart, herausgegeben von Maunz-Schraft, Bd. 1/2 (1963), S. 7, 24 f.; *Lerche*, Verfassungsfragen um Sozialhilfe und Jugendwohlfahrt, 1963, S. 12 ff. („Begriff mit traditionellem Grundbestand und anpassungsfähiger Konkretisierungszone"); anders noch BGHZ 4, 197, 203; 4, 208, 217.

leistungen in ihren wesentlichen Strukturelementen, insbesondere in der organisatorischen Bewältigung ihrer Durchführung, dem Bild entsprechen, das durch die klassische Sozialversicherung geprägt ist. Dann stellen sie der Sache nach Sozialversicherung im Sinn von Art. 74 Nr. 12 GG dar ... Der Einwand der Beschwerdeführer, es fehle an einem individuellen Risiko, ohne das eine Versicherung nicht denkbar wäre, geht fehl, da die Sozialversicherung nicht vom Risikobegriff der Privatversicherung ausgeht; sie enthält von jeher auch ein Stück staatlicher Fürsorge[7]." „Bei der Sozialversicherung ist offenbar, daß sie nicht nach dem reinen Versicherungsprinzip gestaltet ist[8]."

Mit diesen begrifflichen und sachlichen Klarstellungen sind alle diejenigen Auffassungen zurückgewiesen, die das Wesen des verfassungsrechtlichen Sozialversicherungsbegriffs unter Verabsolutierung einzelner seiner Definitionselemente einseitig entweder nur als Versicherung im Sinne des im Privatversicherungsrecht geltenden allgemeinen Versicherungsbegriffs (*Versicherungstheorie*) oder als Förderung sozialer Sicherheit schlechthin (*Fürsorgetheorie*) begreifen wollen[9]. Das Recht der sozialen Sicherheit umfaßt weite Bereiche, die nicht durch den das Versicherungswesen beherrschenden Grundgedanken, einen Risikoausgleich unter den Beteiligten unter Bildung einer Gefahrengemeinschaft der Risikoträger herzustellen, geprägt sind (z. B. das Recht der öffentlichen Fürsorge, des Lastenausgleichs oder der Kriegsopferversorgung). Daß der Verfassungsgesetzgeber diese Teilgebiete des Rechts der sozialen Sicherheit nicht unter dem Oberbegriff der Sozialversicherung zusammengefaßt hat, erhellt sich mit hinreichender Deutlichkeit daraus, daß das Grundgesetz in Art. 74 Nr. 7 die öffentliche Fürsorge und in Nr. 10 die Kriegsopferversorgung gesondert aufgeführt hat. Der Begriff „Sozialversicherung" in Art. 74 Nr. 12 GG kann daher nicht als sozialrechtliche Generalklausel interpretiert werden. Das Sozialversicherungsrecht ist nur ein Teilgebiet des aus den drei Teilgebieten Fürsorgerecht (Sozialhilferecht), Versorgungsrecht und Sozialversicherungsrecht bestehenden Rechts der sozialen Sicherheit[10].

---

[7] BVerfGE *11*, 105, 112, 114; *21*, 362; ebenso bereits BVerfGE *9*, 124, 133; *10*, 141, 166 und BSGE *6*, 213, 238.

[8] BVerfGE *10*, 141, 165 f.

[9] Vgl. dazu die Nachweise bei *Krohn*, Die soziale Unfallversicherung im System des Rechts, in: Festschrift für H. Lauterbach, 1961, S. 23 ff.; *Wannagat*, Lehrbuch des Sozialversicherungsrechts, Bd. I, 1965, S. 9 ff.; *Brackmann*, Handbuch der Sozialversicherung, 1.—6. Aufl. (Stand: 1968), Bd. I, S. 79 ff.

[10] Vgl. dazu *Bogs*, Grundfragen des Rechts der sozialen Sicherheit und seiner Reform, 1955, S. 22 f.; *Schneider*, Die öffentlich-rechtliche Alterssicherung freier Berufe und das Grundgesetz, 1959, S. 54 ff.; *Weiser*, in: Handwörterbuch der deutschen Sozialwissenschaften, Bd. 9, S. 408 f.; *Wilde*, Grundzüge des Sozialrechts, 1957, S. 41 f.; *Mayer-Maly*, Widerstreit von Versicherungs- und Versorgungsprinzip im Leistungsrecht der Krankenversicherung, 1967; dazu *Schimana*, RdA *1967*, 186 (187).

Es unterscheidet sich von den beiden anderen Teilgebieten durch die spezifische, das Versicherungsprinzip des reinen Risikoausgleichs mit dem Prinzip des *sozialen Ausgleichs* verbindende Art und Weise, wie das allen drei Teilgebieten gemeinsame Ziel „Soziale Sicherheit" angestrebt wird[11]. Die Sozialversicherung ist, wie das *Bundesverfassungsgericht* (BVerfGE 11, 112) unter Übernahme einer Formulierung von *Manes*[12] feststellt, *Versicherung*, als sie darauf abzielt, einen möglichen, in seiner Gesamtheit schätzbaren Bedarf durch Verteilung auf eine organisierte Vielheit gemeinsam zu decken; sie ist *Sozialversicherung*, als sie die versicherungsmathematisch-statistische, *rein* versicherungsmäßige Relation zwischen dem sozialversicherungsrechtlichen Mitgliedschaftsbeitrag und der Versicherungsleistung unter sozialpolitischen Gesichtspunkten zugunsten eines *sozialen Ausgleichs* unter den Versicherten bzw. den mit der Aufbringung der finanziellen Mittel Belasteten modifiziert und so das versicherungsrechtliche Äquivalenzprinzip zurückdrängt.

Die Gesetzgebungskompetenz des Bundes aus Art. 74 Nr. 12 GG umfaßt mithin nicht den Gesamtbereich des Rechts der sozialen Sicherheit; sie ist aber auch nicht, wie sich bereits aus der Formulierung „Sozialversicherung einschließlich der Arbeitslosenversicherung" ergibt, auf die traditionellen Versicherungszweige der klassischen Sozialversicherung, die die Risiken der Krankheit, des Unfalls, des Alters und der Invalidität betreffen, beschränkt und den vorgefundenen Methoden des versicherungsmäßigen Risikoausgleichs nicht grenzenlos verpflichtet. Der verfassungsrechtliche Begriff der Sozialversicherung ist daher nicht identisch mit dem sog. *formalen Begriff der Sozialversicherung*, der wenigstens nach Ansicht des Bundesverwaltungsgerichts[13] § 51 SGG zugrunde liegen soll und der auch überwiegend[13a] in soziologisch-deskriptiven und positiv-sozialversicherungsrechtlichen Abhandlungen verwandt wird[14], die eine Darstellung des gerade geltenden Sozialversi-

---

[11] Dazu *Bogs*, Zum verfassungsrechtlichen Begriff der Sozialversicherung, a.a.O. (s. Anm. 2), S. 49, 50 f., 54; *Dersch*, Der Verfassungsgrundsatz der Sozialstaatlichkeit und Rechtsstaatlichkeit in der Praxis der Sozialversicherung, in: Festschrift für W. Bogs, 1959, S. 59; *Wannagat*, Lehrbuch des Sozialversicherungsrechts, Bd. I, 1965, S. 17, 27 ff., 223 f.

[12] Versicherungswesen, 5. Aufl., 1932, Bd. 3, S. 3; ebenso *Bogs*, a.a.O. (s. Anm. 10), S. 24; *Mayer-Maly*, Sozialversicherungspolitik, in: Handbuch der österreichischen Wirtschaftspolitik, 1960, S. 481 ff., und BSGE 6, 213, 228.

[13] BVerwG, DVBl. *1964*, 33; OVG Münster, NJW *1962*, 694; dagegen zu Recht *Wannagat*, Lehrbuch des Sozialversicherungsrechts, Bd. I, 1965, S. 22 f. mit weiteren Angaben.

[13a] Vgl. dazu die knappe Zusammenstellung der wichtigsten Sozialversicherungssysteme der Welt, in: Sintesi dei principali sistemi previdenziali del mondo, Ergänzungsheft zur Zeitschrift „Previdenza sociale", 3. Aufl., Rom 1965.

[14] Vgl. z. B. *Lutz Richter*, Sozialversicherungsrecht, 1931, S. 4, 7; *Weddigen*, in: HdSW, Bd. 9, 1956, S. 596.

cherungsrechts zum Gegenstand haben und deshalb nicht der Frage nachzugehen brauchen, welche sonstigen „de lege ferenda" zu treffenden Regelungen die Verfassung als sozialversicherungsrechtliche zuläßt. Das, was sich der soziologischen Bestandsaufnahme und der positivrechtlichen Analyse in einem bestimmten historischen Zeitpunkt als gegenwärtig geltendes Sozialversicherungsrecht darstellt, ist also nicht identisch mit dem objektiv-normativen Sinngehalt des eine Kompetenz umschreibenden verfassungsrechtlichen Begriffs der Sozialversicherung. Die Funktion der Kompetenznorm besteht gerade darin, dem Gesetzgeber einen bestimmten Wirklichkeitsausschnitt entsprechend dem Wandel der wirtschaftlichen und gesellschaftlichen Gegebenheiten zur rechtlichen Gestaltung zuzuweisen[15].

Hans Schneider hat daher in seinem Gutachten über: „Die öffentlich-rechtliche Alterssicherung freier Berufe und das Grundgesetz" (1959), S. 51 ff., zutreffend festgestellt: „Er (sc.: Art. 74 Nr. 12 GG) verleiht die Gesetzgebungsbefugnis für das Sachgebiet Sozialversicherung nicht, wie es sich dem Betrachter im Jahre 1948 darbot, als es formuliert wurde. Der Artikel würde sonst nur eine beschränkte Änderungs- und Aufhebungskompetenz für längst bestehende Regelungen enthalten. Aus diesem Grund geht es grundsätzlich nicht an, in Normen über Gesetzgebungskompetenzen die dort genannten Sachgebiete traditionell zu verstehen. ... Der Begriff der Sozialversicherung ... paßt sich der Veränderung der sozialen Verhältnisse ohne weiteres an und umgreift jeweils alle Versicherungsarten, die als Sozialaufgabe des Staates aufgefaßt werden können. Es geht nicht an, die Sozialversicherung auf einem Stand versteinern zu lassen, der beim Inkrafttreten des Grundgesetzes schon erreicht war, wie es der formale Sozialversicherungsbegriff tut[16]."

3. Der gegen den sozialversicherungsrechtlichen Charakter der Altlastregelung vorgebrachte Einwand *Forsthoffs*[17], Art. 3 UVNG ordne kein Gemeinlastverfahren im Sinne der Logik und Systematik der § 736 ff. RVO an und könne daher nicht als Sozialversicherungsrecht an-

---

[15] Vgl. dazu H. *Ehmke,* Wirtschaft und Verfassung, 1961, S. 29 ff.; H. J. *Wolff,* Verwaltungsrecht, Bd. II, 2. Aufl. 1967, § 72 II b 1.

[16] Ähnlich *Maunz,* Die allgemeinen Verfassungsprinzipien des Grundgesetzes und die neuere Rechtsprechung des Bundesverfassungsgerichts zur Sozialversicherung, in: Die Sozialversicherung der Gegenwart, herausgegeben von Maunz-Schraft, Bd. 1/2 (1963), S. 7 ff.; *ders.,* Bundesverfassungsgericht und Sozialversicherung, ebd., Bd. 6 (1967), S. 31 ff.; *Bogs,* Zur Rechtsnatur der Versorgungseinrichtungen freier Berufe, in: Festgabe für J. Krohn, 1954, S. 36 f., 51; *ders.,* Zum verfassungsrechtlichen Begriff der Sozialversicherung, a.a.O. S. 47, 50; H. *Peters,* Die verfassungsrechtliche Zulässigkeit berufsständischer Pflichtversorgungseinrichtungen für Ärzte, Ärzteverlag Köln 1954, S. 12; W. *Weber,* Die verfassungsrechtliche Problematik der Zwangsversorgungseinrichtungen der freien Berufe, in: Aktuelle Probleme der Versicherungswirtschaft vom Standpunkt der Versicherungswissenschaft betrachtet, 1954, S. 9; *Ipsen,* Rechtsfragen berufsständischer Zwangsversorgung, in: Aktuelle Probleme der Versicherungswirtschaft vom Standpunkt der Versicherungswissenschaft betrachtet, 1954, S. 22; *Rimpel,* Die Sozialversicherung — Geschichte und Zukunftsentwicklung, DRdA *1963,* 342, 344 ff., und die in Anm. 6 Genannten.

[17] Gutachten S. 3 ff.; Ergänzungsgutachten S. 4 ff.

gesprochen werden, beruht, wenn man einmal von der mißverständlichen Verwendung des Begriffs der Logik im Sinne einer auf ungenannten Wertprämissen beruhenden materialen Sachlogik[18] absieht, auf einer unreflektierten verfassungsrechtlichen Verabsolutierung der bestehenden gesetzlichen berufsgenossenschaftlichen Gliederung der sozialen Unfallversicherung, die nur vom Standpunkt eines solchen formalen, mit Art. 74 Nr. 12 GG aber unvereinbaren Sozialversicherungsbegriffs verständlich ist.

Es ist *Forsthoff* zuzugeben, daß die finanzielle Belastung der gewerblichen Berufsgenossenschaften und der See-Berufsgenossenschaft mit den sogenannten Altrentenlasten der Bergbau-Berufsgenossenschaft kein Gemeinlastverfahren i. S. der *§§ 736 ff. RVO* ist. Die Bergbau-Berufsgenossenschaft wird von einem Teil ihrer Aufwendungen für bereits eingetretene Unfälle freigestellt, *ohne* daß sie, wie es die §§ 736 ff. RVO voraussetzen, *leistungsunfähig* (= illiquid) ist. Denn die als monetäre Zahlungsunfähigkeit, als Insolvenz verstandene Leistungsunfähigkeit hat, streng genommen, nichts zu tun mit dem Volumen der Verpflichtungen, sondern ausschließlich mit der Relation zwischen diesen und den zu ihrer Erfüllung erforderlichen Mitteln. Soweit Mitglieder nicht zahlungsfähig sind, sind die von ihnen verursachten Beitragsausfälle von den übrigen Mitgliedern der Berufsgenossenschaft zu tragen. Hieraus ergibt sich, daß die Leistungsfähigkeit einer Berufsgenossenschaft so lange nicht in Zweifel gezogen werden kann, als nicht das letzte verbleibende Mitglied außerstande ist, die gesamten aus allen laufenden Versicherungsfällen gegenwärtig anfallenden Lasten zu tragen. Unter dieser Voraussetzung würde die absolute Leistungsunfähigkeit einer Berufsgenossenschaft erst dann offenkundig, wenn deren sämtliche Mitglieder unter den sich potenzierenden sozialen Lasten zusammengebrochen wären.

Jede gesetzliche Regelung, die solidarische Stützungsmaßnahmen durch andere Berufsgenossenschaften außer im Fall der gesetzlich schon immer geregelten Leistungsunfähigkeit auch aus sonstigen triftigen Erwägungen, etwa zur Milderung einer volkswirtschaftlich oder sozialpolitisch unerwünschten extrem hohen Belastung einer Berufsgenossenschaft mit der Gefahr der Ruinierung der Unternehmen eines ganzen Wirtschaftszweiges durch die hohen Aufwendungen für die Sozialversicherung, anordnet, wird, da sie die bisher geltende positivrechtliche Regelung abändert, theoretisch notwendig zum Verstoß gegen Logik und Systematik des *bisherigen* Normengefüges. Denn jede Gesetzesänderung, die eine vorausgehende Regelung abwandelt oder auch nur

---

[18] Kritisch dazu *Dreier*, Zum Begriff der Natur der Sache, 1965, S. 73 f. Fußnote 400 mit weiteren Literaturangaben.

ergänzt, verstößt bei isolierter, d. h. den Blick auf die tragenden Ordnungs- und Wertungsprinzipien des jeweiligen Rechtsgebiets vernachlässigender Betrachtungsweise gegen das Sinngefüge der bisherigen Gesetzesvorschriften und stellt den Juristen vor die Aufgabe, die neu in die Rechtsordnung eintretende Norm in den Sinnzusammenhang des Gesamtsystems einzupassen. „Die Einheit der Rechtsordnung als eines großen Sinnzusammenhangs muß aus Anlaß einer jeden Einzelnorm stets neu erarbeitet und vertieft werden. Jedes Beziehen einer neu eintretenden Norm auf die Totalität des Systems bringt ja bereits eine Neubildung der Sinneinheit und eine erneute Integration mit sich, sofern der zureichende Grund jeder Norm aufgefunden und Widersprüche ausgemerzt werden sollen[19]."

Die Feststellung, daß die in Art. 3 UVNG angeordnete Altlastregelung keine sozialversicherungsrechtliche Regelung i. S. des *formellen* Sozialversicherungsbegriffs ist und damit gegen Logik und Systematik der vorher geltenden Vorschriften verstößt, erweist sich so als trivial; sie hat keinerlei Erkenntniswert für die im folgenden zu untersuchende Frage, ob die Altlastregelung „Sozialversicherungsrecht" in dem oben umschriebenen materiell-verfassungsrechtlichen Sinne ist. Diese Frage kann nur nach Maßstäben beurteilt werden, die den normativen Wesensgehalt des Unfallversicherungsrechts im Rahmen des Sozialversicherungsrechts erschließen.

Die gesetzliche Unfallversicherung ist, wie schon gesagt, ein Zweig der klassischen dreigeteilten deutschen Sozialversicherung, die sich, historisch bedingt, auf einzelne (derzeit 36 in der Anlage 1 zu § 646 Abs. 1 RVO aufgeführte) Versicherungsträger mit dem Status öffentlich-rechtlicher Personalkörperschaften gründet. Aufgabe der gesetzlichen Unfallversicherung ist es, die Ansprüche der Versicherten aus Arbeitsunfällen und Berufskrankheiten zu befriedigen. Dies geschieht in der Weise, daß die privatrechtlichen Ansprüche des Versicherten aus derartigen Versicherungsfällen gegen die Unternehmer durch einen besonderen Versicherungsträger abgelöst und nach Maßgabe öffentlich-rechtlicher Grundsätze befriedigt werden. Aus diesem Grunde sind die Unternehmen alleinige Mitglieder und Beitragsschuldner in der Unfallversicherung. Die Abgeltung der Haftpflichtansprüche der Unternehmer und die soziale Befriedigung der Versicherten sind also die tragenden Elemente des Unfallversicherungsrechts, die sich gegenseitig bedingen[20].

---

[19] *Betti*, in: Festschrift für Rabel, Bd. 2, 1954, S. 130; *Heck*, Gesetzesauslegung und Interessenjurisprudenz, 1914, S. 179 ff., 189 ff., S. 230 ff.; *Engisch*, Einführung in das juristische Denken, 3. Aufl. 1964, S. 79, 83; *Säcker*, Betr. 1967, 2028 ff.

[20] *Jantz*, Prinzipien der Gesetzgebung in der Unfallversicherung, in: Festschrift für H. Lauterbach, 1961, S. 15, 17 ff.; *Krohn*, Die soziale Unfallversi-

§ 2: Strukturprinzipien der Sozialversicherung

Diese soziale Zielsetzung wurde im Laufe der geschichtlichen Entwicklung in der Weise verwirklicht, daß sich in dem Maße, wie der zunächst nur auf die Schwerindustrie beschränkte Versicherungsschutz auf alle Arbeitnehmer ausgedehnt wurde, für den gesamten Bereich der gewerblichen Wirtschaft Berufsgenossenschaften als Versicherungsträger bildeten. Mit der Beschränkung des Zuständigkeitsbereichs der Berufsgenossenschaften auf die von ihnen jeweils erfaßten Gewerbezweige war zwangsläufig zunächst eine Risikobeschränkung auf den eigenen Bereich verbunden, wenn auch nicht verkannt werden darf, daß innerhalb des eigenen Bereichs durchaus heterogene Risiken aufgefangen werden mußten. So haben z. B. die Unternehmen des Bergbaus im Rahmen der Umlage der Bergbau-Berufsgenossenschaft die toten Lasten des Erzbergbaus zu tragen, obgleich es dem unfallversicherungsrechtlichen Grundsatz der Risiko- und Haftungsbeschränkung auf den jeweiligen Gewerbezweig eher entspräche, die Einstandspflicht für diese Lasten den Unternehmen der Stahlindustrie aufzuerlegen (näher dazu unten unter § 4, 3).

Aus der berufsgenossenschaftlichen Gliederung der gewerblichen Unfallversicherung ergaben sich, über ihre historische Bedingtheit hinaus, insbesondere durch Gewährleistung einer spezialisierten, praxisnahen und deshalb besonders erfolgversprechenden Unfallverhütung, durchaus positive soziale Züge, die unbestritten sind und hier nicht erst besonders gerechtfertigt zu werden brauchen[21]. *Dieser Umstand darf jedoch nicht darüber hinwegtäuschen, daß die Grundsätze der gewerblichen Gliederung und die sich hieraus ergebenden Konsequenzen einer primären Haftungsbeschränkung auf den Bereich der eigenen Berufsgenossenschaft gegenüber der oben dargelegten universellen Zielsetzung der Unfallversicherung, nämlich die soziale Befriedigung aller Versicherten zu garantieren, sekundärer Natur sind.* Die sich aus der Gliederung ergebende Organisationsform soll dazu dienen, das oberste Ziel der gesetzlichen Unfallversicherung mit dem größtmöglichen Effekt zu realisieren. Gliederung und Haftungsbeschränkung auf den eigenen Bereich können, sozialversicherungs-rechtspolitisch gesehen, jedoch nur so lange als Rechtsprinzipien des Unfallversicherungsrechts Vorrang beanspruchen, als sie nicht, als Selbstzweck ideologisch verabsolutiert, die Erfüllung der Haftpflichtansprüche der Versicherten inhibieren.

Unter diesem Gesichtspunkt kann die jeweilige Gliederung der gewerblichen Unfallversicherung, wie die historische Entwicklung be-

---

cherung im System des Rechts, in: Festschrift für H. Lauterbach, 1961, S. 23, 30 ff.; *Folkmann*, Festschrift für Hoffmann, S. 42.
[21] Vgl. *Lauterbach*, Gesetzliche Unfallversicherung, 3. Aufl. 1963, § 646 Anm. 12; *Wannagat*, Lehrbuch des Sozialversicherungsrechts, Bd. 1, 1965, S. 27 f. zu Anm. 65.

weist, nicht als unabänderlich angesehen werden. Es besteht keine Verfassungsvorschrift, die es dem Gesetzgeber vorschriebe, die gegenwärtige organisatorische Struktur der Unfallversicherung und die damit verbundene Regelung des Umlagewesens beizubehalten. Die Vorschrift des § 646 Abs. 2 RVO, der die Aufteilung der Berufsgenossenschaften zur Disposition des Bundesministers für Arbeit und Sozialordnung stellt, ist daher verfassungsrechtlich nicht zu beanstanden. Sie erlaubt, durch Rechtsverordnung mit Zustimmung des Bundesrats die Zuständigkeit der Berufsgenossenschaften nach Art und Gegenstand der Unternehmen zu bestimmen, wodurch erhebliche Risikoverlagerungen möglich sind. Die Aufgliederung der Sozialversicherungsträger und die sonstige Organisation des Systems bleiben also der Regelung durch den Gesetzgeber vorbehalten. Es bestünde kein verfassungsrechtliches Hindernis, daß der Gesetzgeber die gesamte Unfallversicherung einer *Einheitskörperschaft* übertrüge[22].

Wenn der Gesetzgeber aus wohlerwogenen politischen Gründen eine solche Maßnahme nicht getroffen hat, so erscheint es aus dem versicherungswirtschaftlichen Gedanken der Risikogemeinschaft aller beitragspflichtigen Unternehmer erforderlich, durch gesetzliche Maßnahmen für einen finanziellen Ausgleich unter den einzelnen Versicherungsträgern zu sorgen, soweit dies zum Schutz der Leistungsansprüche der Versicherten geboten erscheint. Dazu ist der Gesetzgeber aufgrund des Sozialstaatsprinzips (Art. 20, 28 GG)[23] sogar verpflichtet; denn dieses

---

[22] Vgl. statt aller *Dersch*, Sozialversicherung, in: Bettermann-Nipperdey-Scheuner: Die Grundrechte, Bd. III/1, 1958, S. 503, 516; zu den legislativen Reformen des Rechts der gesetzlichen Unfallversicherung seit 1945 vgl. *von Bethusy-Huc*, Das Sozialleistungssystem der Bundesrepublik Deutschland, 1965, S. 145 ff. Eine eingehende historische und soziologische Darstellung des Systems der sozialen Sicherung des Bergmanns enthält die Monographie *Lingnaus*, Das System sozialer Hilfeleistungen für die Bergarbeiter in der Knappschaftsversicherung des Ruhrbergbaus 1767 bis 1961, 1965.

[23] Vgl. zur Bedeutung des Sozialstaatsprinzips besonders *Reuß-Jantz*, Sozialstaatsprinzip und soziale Sicherheit, 1960, S. 8 ff.; *E. R. Huber*, Rechtsstaat und Sozialstaat in der modernen Industriegesellschaft, 1962; *W. Weber*, Die verfassungsrechtlichen Grenzen sozialstaatlicher Forderungen, Der Staat 1965, 410 ff.; *Zacher*, Soziale Gleichheit, AöR 93, 360 ff., 367 ff.; alle mit weiteren Nachweisen auch über die Rechtsprechung. Die konträre Ansicht *Forsthoffs*, Begriff und Wesen des sozialen Rechtsstaates, VVdStRL Heft 12 (1954), S. 8 ff. und Schriftsatz Vermögensbildungsgesetz, daß der *Sozialstaatsauftrag* eine Staatszielbestimmung ohne institutionellen und konkreten verfassungsdogmatischen Gehalt sei, so daß ihm nicht die gleiche normative und effektive Wirkung beigemessen werden dürfe wie dem in der Verfassung institutionell ausgeformten *Rechtsstaatsprinzip*, wird der Tatsache nicht gerecht, daß die Verfassung beide Staatszielbestimmungen *gleichrangig* und *gleichwertig* nebeneinanderstellt, und zwar in der Einsicht, daß die Realisierung des Sozialstaatsauftrags Voraussetzung für die Verwirklichung des materiellen Rechtsstaats ist, der allen Staatsbürgern *faktisch-real*, nicht nur *formal*, in gleicher Weise Menschenwürde und Freiheit der Persönlichkeitsentfaltung zusichert. Das Postulat, den Sozialstaatsauftrag dem Rechtsstaats-

verbietet unter anderem, die Folgen organisatorischer oder finanztechnischer Mängel auf die wirtschaftlich Schwächsten, die Versicherten, abzuwälzen, deren gesetzliche Leistungsansprüche durch eine finanzielle Überbelastung ihres Versicherungsträgers gefährdet würden. Eine solche Gefährdung eines Versicherungsträgers in der Größenordnung der Bergbau-Berufsgenossenschaft, die ein Drittel der Lasten der gesamten gewerblichen Unfallversicherung trägt, müßte, wenn ihr nicht mit geeigneten gesetzlichen Maßnahmen begegnet würde, darüber hinaus Auswirkungen auf die gesamte Struktur der gewerblichen Unfallversicherung haben und könnte damit unter Umständen ihr Gliederungsprinzip infrage stellen.

§ 3: Finanzausgleich und Gemeinlast als rechtstechnische Instrumente des sozialen Ausgleichs zwischen rechtlich selbständigen Versicherungsträgern

Der Gedanke eines *Lastenausgleichs* unter den Sozialversicherungsträgern — gleichsam als Korrelat zur Risikogemeinschaft aller Beitragspflichtigen und als Preis für die differenzierte Gliederung der Sozialversicherung — gehört zum traditionellen Gedankengut des deutschen Sozialversicherungsrechts.

Dieser Lastenausgleich tritt in zwei Rechtsformen in Erscheinung: als *Finanzausgleich* und als *Gemeinlast*. Der Unterschied beider Formen ist folgender:

1. Der *Finanzausgleich* begründet auf gesetzlicher Grundlage eine Forderung eines Versicherungsträgers gegenüber anderen Versicherungsträgern. In diesem Fall soll also der Finanzausgleich nur von Fall zu Fall herbeigeführt werden, und zwar unter den Voraussetzungen, die das Gesetz im einzelnen festlegt. So bestimmt z. B. Art. 2 § 11 des

---

prinzip unterzuordnen, läßt sich aus der Verfassung nicht ableiten, es lähmt vielmehr die von der Verfassung intendierte Ausformung von Rechten, Institutionen und Prinzipien, die das Sozialstaatsprinzip in die Wirklichkeit umsetzen (vgl. dazu *Zacher*, AöR 93, 360 ff.; *H. J. Wolff*, Verwaltungsrecht, Bd. III, 2. Aufl. 1967, § 138 I c 1; *Tomandl*, Der Einbau sozialer Grundrechte in das positive Recht, 1967, vor allem S. 20 ff.), wie die Position *Forsthoffs* zu Art. 3 UVNG, zum Investitionshilfegesetz und zum Zweiten Vermögensbildungsgesetz zeigt. Das von *Forsthoff* konstruierte, angeblich verfassungsimmanente *Verbot der direkten Umverteilung* (näher dazu unten §§ 5, 6) behindert durch den *einseitigen* Ausbau der Struktur *des gewährleistenden* Rechtsstaates zu Lasten des gewährenden Sozialstaats in verfassungswidriger Weise die legislative Beseitigung von Widersprüchen zwischen Sozialstaat und Rechtsstaat in der Verfassungswirklichkeit; vgl. dazu auch *Schnorr*, RdA *1968*, 355.

Gesetzes über die Krankenversicherung der Rentner vom 12. 6. 1956 (BGBl. I, 500), daß die Krankenkassen einen Ausgleichsanspruch gegen die Träger der gesetzlichen Rentenversicherung haben, sofern ihre Gesamtausgaben infolge der Durchführung der Rentnerkrankenversicherung in der Zeit vom 1. Januar 1953 bis zum Inkrafttreten dieses Gesetzes die Gesamteinnahmen übersteigen. Nach § 13 des Sozialversicherungsanpassungsgesetzes vom 17. 6. 1949 (WiGBl. S. 99) können ein Kassenverband oder mehrere beteiligte Kassenverbände einen Finanzausgleich herbeiführen, wenn die Beiträge zu einer bestimmten Krankenkassenart zur Leistungsdeckung nicht ausreichen. Die §§ 1391—1395 RVO enthalten ein besonderes Finanzausgleichsverfahren für die von den Versicherungsträgern der Rentenversicherung der Arbeiter, der deutschen Bundespost und des Bundes zu tragenden Aufwendungen für Renten, Beitragserstattungen und die Rentnerkrankenversicherung.

2. Gegenüber dem Finanzausgleich ist die *Gemeinlast* dadurch gekennzeichnet, daß mehrere Versicherungsträger von vornherein kraft Gesetzes zur gemeinsamen und anteiligen Tragung der Ausgaben verpflichtet sind, ohne daß es der Geltendmachung einer Ausgleichsforderung durch einen Versicherungsträger gegen die anderen an der Gemeinlast beteiligten Versicherungsträger bedarf. Im Gegensatz zum Finanzausgleich besteht bei der Gemeinlast von vornherein eine öffentlich-rechtliche Gemeinschaft zwecks gemeinsamer Mittelaufbringung[1]. Einer schuld- oder fälligkeitsbegründenden Geltendmachung der Ausgleichsforderung bedarf es nicht, da die Gemeinlast ein permanentes Schuldverhältnis darstellt. Schon die §§ 714, 715 RVO a. F. sahen vor, daß mehrere Berufsgenossenschaften durch Vereinbarung mit Zustimmung der beteiligten Vertreterversammlungen und mit Genehmigung des Reichs-(Bundes-)Versicherungsamtes eine Gemeinlast schaffen konnten. Da jedoch befürchtet wurde, daß die Möglichkeit freiwilliger Vereinbarungen einer Gemeinlast nicht ausreiche, um in dringenden Fällen einen Risikoausgleich herbeizuführen, sah später § 715 a RVO eine Ermächtigung an den Reichs-(Bundes-)Arbeitsminister vor, mit Zustimmung des Reichs-(Bundes-)Rates zu bestimmen, daß mehrere Berufsgenossenschaften ihre Entschädigungslast ganz oder teilweise gemeinsam zu tragen haben, oder daß mehrere Berufsgenossenschaften eine vorübergehend nicht leistungsfähige Genossenschaft zu unterstützen haben. Wie man sieht, überließ es § 715 RVO dem pflichtgemäßen Ermessen des Reichs-(Bundes-)Arbeitsministers, entweder eine Gemeinlast in dem oben beschriebenen spezifischen Sinne („... gemeinsam zu tragen haben ...") einzuführen oder einen vorübergehenden Finanzausgleich („... zu unterstützen haben ...") anzuordnen.

---

[1] Vgl. *Brackmann*, Handbuch der Sozialversicherung, Bd. I, S. 210 ff.

Bei den Beratungen über die Neufassung der Vorschriften der Reichsversicherungsordnung über die Unfallversicherung durch das Unfallversicherungs-Neuregelungsgesetz war man sich der Tatsache bewußt, daß sich in den 80 Jahren seit Bestehen der Unfallversicherung die Relation von Beitragsaufkommen und Rentenlast erheblich verschoben hat. Man verwies vor allem darauf, daß gewisse Gewerbezweige in dieser Zeitspanne entweder ganz verschwunden oder doch erheblich zurückgegangen sind. Für die Rentner dieser Gewerbezweige müßten die ehemals zuständigen Berufsgenossenschaften nach wie vor Leistungen erbringen, während ihnen andererseits die entsprechenden Beiträge nicht mehr zuflössen. Auf der anderen Seite erhielten andere Berufsgenossenschaften aus sogenannten Ersatzgewerbezweigen für die verschwundenen Gewerbezweige ein Beitragsaufkommen, ohne mit entsprechenden Altrenten belastet zu sein. Daher war eine Verfeinerung und Anpassung des Lastenausgleichs unter den Berufsgenossenschaften an die veränderte Relation von Altrentenlast und Beitragsaufkommen aus Gerechtigkeitsgründen dringend geboten[2]. Aus diesen Gründen wurden die Regelungen der §§ 714 bis 715 RVO a. F. in die §§ 737, 738 RVO n. F. übernommen. § 737 läßt wie bisher Vereinbarungen zwischen mehreren Berufsgenossenschaften über die Einführung einer Gemeinlast zu. § 738 RVO ermächtigt den Bundesminister für Arbeit und Sozialordnung, mit Zustimmung des Bundesrats wie bisher entweder eine Gemeinlast einzuführen oder einen vorübergehenden Finanzausgleich anzuordnen.

Neu sind hierbei aber die strengeren formellen und materiellen Voraussetzungen: Die zwangsweise Anordnung einer Gemeinlast oder eines Finanzausgleichs durch den Bundesarbeitsminister bedarf jetzt einer Rechtsverordnung, und sie ist nur bei Gefährdung der Leistungsfähigkeit einer Berufsgenossenschaft und nur subsidiär zulässig, wenn eine freiwillige Vereinbarung nach § 737 RVO nicht zustande kommt; die Gemeinlast kann nicht für einen längeren Zeitraum als ein Geschäftsjahr im voraus angeordnet werden.

3. Angesichts dieser engen tatbestandlichen Voraussetzungen, unter denen der Bundesminister für Arbeit und Sozialordnung eine gemeinsame Lastentragung anordnen kann, konnte es von Anfang an nicht zweifelhaft sein, daß die §§ 737, 738 RVO nicht ausreichen, um die besonders vordringliche Entlastung der Bergbau-Berufsgenossenschaft von ihrer Altrentenlast zu gewährleisten. Einmal waren schon die §§ 714, 715 a RVO a. F. niemals praktiziert worden, so daß es fraglich erscheinen mußte, ob in Zukunft ein wirksamer Lastenausgleich gegenüber der Berufsgenossenschaft Bergbau durch freiwillige Vereinbarung

---

[2] Vgl. dazu besonders *Dörner*, Rechtsangleichung und Lastenverteilung nach dem Unfallversicherungs-Neuregelungsgesetz, BABl. *1963*, 366, 368 f.

oder durch Rechtsverordnung des Bundesarbeitsministers herbeigeführt würde; zum anderen erschien die Anknüpfung an die (monetäre) Leistungsfähigkeit einer Berufsgenossenschaft und die in § 738 RVO für die Rechtsverordnung des Bundesarbeitsministers zwingend vorgeschriebene zeitliche Begrenzung der Gemeinlast auf ein Geschäftsjahr nicht geeignet, der besonderen Störung der Relation zwischen Rentenlast und Beitragsaufkommen bei der Bergbau-Berufsgenossenschaft abzuhelfen; denn wie *Dörner*[2] gerade im Hinblick auf die Altrentenlast der Bergbau-Berufsgenossenschaft bemerkt, ändern sich die strukturellen Verhältnisse nicht von heute auf morgen, sondern innerhalb von Jahrzehnten. Der Gesetzgeber handelte daher angesichts der besonderen, durch unzumutbar hohe Belastungen im Vergleich zu den übrigen Berufsgenossenschaften gekennzeichneten Lage der Bergbau-Berufsgenossenschaft durchaus im Rahmen seiner sozialversicherungsrechtlichen Regelungskompetenz, als er in Reaktion auf diesen bislang einmaligen Sachverhalt in der Geschichte der gesetzlichen Unfallversicherung zur Wiederherstellung einer angemessenen Relation zwischen Rentenlast und Beitragsaufkommen in Art. 3 UVNG ein Gemeinlastverfahren unmittelbar kraft Gesetzes anordnete, das die engen tatbestandlichen Voraussetzungen der §§ 737, 738 RVO vermied. Die gesetzliche Regelung verbleibt aber, wie vorstehend gezeigt, im Rahmen der das Sozialversicherungsrecht beherrschenden Gestaltungsprinzipien.

Das *Bundesverfassungsgericht*[3] hat daher in Übereinstimmung mit den vorstehenden Darlegungen zutreffend festgestellt: „Die gesetzliche Regelung der Unfallversicherung ist niemals von einer unabänderlichen Autarkie der bestehenden Berufsgenossenschaften ausgegangen. Die sachliche Zuständigkeit der Berufsgenossenschaften nach Art und Gegenstand der Unternehmen kann durch Rechtsverordnung geändert werden (§ 646 Abs. 2 RVO). Eine Berufsgenossenschaft kann geteilt, mehrere Berufsgenossenschaften können vereinigt, neue Berufsgenossenschaften gebildet werden. Die Berufsgenossenschaften können vereinbaren, ihre Entschädigungslast gemeinsam zu tragen; eine Gemeinlast oder eine gegenseitige Unterstützung der Berufsgenossenschaften kann auch durch Rechtsverordnung angeordnet werden (§§ 737 f. RVO n. F.; §§ 714, 715 a RVO a. F.). All diese Möglichkeiten zeigen, daß der Wirtschaftsbereich, innerhalb dessen die aus Arbeitsunfällen erwachsenden Lasten gedeckt werden, schon nach der herkömmlichen Struktur der Unfallversicherung keineswegs ein für allemal festgelegt ist, sondern ausgeweitet und eingeengt werden kann. Ein Risikoausgleich über die Grenzen einer Berufsgenossenschaft hinaus ist der Unfallversicherung demnach keineswegs fremd. Ordnet der Gesetzgeber einen solchen Ausgleich an, so ist er an die Voraussetzungen, die die RVO — etwa in § 739 — dafür aufstellt, naturgemäß nicht gebunden, vorausgesetzt, daß die ‚wesentlichen Strukturelemente' (BVerfG *11*, 105, 112) gewahrt bleiben.

Eine unvermeidliche und immanente Auswirkung dieses Systems besteht darin, daß jede Unterstützungsaktion für eine Berufsgenossenschaft gleich-

---

[3] BVerfG NJW *1968*, 739, 740.

zeitig dem betreffenden Wirtschaftszweig zugute kommt. Sie wirkt nicht nur im unfallversicherungsrechtlichen, sondern auch im wirtschaftlichen Bereich. Die Auswirkung unfallversicherungsrechtlicher Maßnahmen auf die wirtschaftliche Lage eines Gewerbezweiges führt jedoch nicht dazu, daß solche Maßnahmen notwendigerweise zu einer öffentlichen Angelegenheit werden, deren Lasten nur die Allgemeinheit treffen und die deshalb nur mit öffentlichen Mitteln durchgeführt werden darf. Selbstverständlich kann der Staat mit unmittelbaren Zuwendungen (z. B. Subventionen) helfen, wie es durch § 723 Abs. 2 RVO geschehen ist. Dem Gesetzgeber ist es aber im Hinblick auf die dem Unfallversicherungswesen eigene Solidarität der Unternehmer auch nicht verwehrt, die wirtschaftliche Stützung eines Gewerbezweiges durch eine Umverteilung innerhalb der Berufsgenossenschaften herbeizuführen. Der Charakter der dem einzelnen Mitglied einer Berufsgenossenschaft dadurch erwachsenden zusätzlichen Leistungen an seine Berufsgenossenschaft ändert sich nicht; sie bleiben Beiträge im Rahmen der Unfallversicherung."

Zusammenfassend ist daher festzustellen:

Der in Art. 74 Nr. 12 GG verwandte Begriff der Sozialversicherung ist inhaltlich entscheidend geprägt durch den Gedanken des *sozialen Ausgleichs*, der eine solidarische Einstandspflicht der verschiedenen Versicherungsträger in den einzelnen Versicherungssparten (Renten-, Unfall-, Knappschaftsversicherung) im Falle unzumutbar hoher finanzieller Belastung eines einzelnen Versicherungsträgers begründet, da oberstes und wichtigstes Ziel der gesetzlichen Sozialversicherung die Befriedigung der Ansprüche der Versicherten ist. De lege lata kann diese Einstandspflicht allerdings immer nur so weit reichen, wie sie in der Reichsversicherungsordnung angeordnet ist. Nach dem System der deutschen Sozialversicherung trägt nämlich grundsätzlich jeder einzelne Versicherungsträger seine Lasten allein. Aber bereits im Gesetz selbst sind Fälle vorgesehen, in denen mehrere Sozialversicherungsträger freiwillig durch Vereinbarung oder gezwungen durch staatliche Verordnung ihre Lasten gemeinsam tragen oder einen vorübergehend nicht leistungsfähigen Versicherungsträger unterstützen.

Schon daraus ergibt sich, daß die *absolute* Trennung und Alleinbelastung jedes Versicherungsträgers nur so lange und so weit gewollt ist, als die bestehenden Versicherungsträger hinreichend leistungsfähig sind, um die Befriedigung der Ansprüche der Versicherten zu gewährleisten. Die Bildung mehrerer selbständiger Versicherungsträger ist kein Selbstzweck und kein notwendiges Grundprinzip der Sozialversicherung. Sie enthält, wie schon § 646 Abs. 2 RVO zeigt, keine Wertung, die es ausschließt, einzelne Versicherungsträger organisatorisch zusammenzufassen oder den einen zur finanziellen Unterstützung eines anderen zu verpflichten, wenn dies zur Erfüllung der Leistungsansprüche der Versicherten erforderlich ist (vgl. §§ 736—739 RVO). Eine gesetzliche Regelung, die ein Einstehen der Versicherungsträger im Bereich strukturell weniger gefährdeter Gewerbezweige für Versicherungsträger im Bereich stärker gefährdeter Gewerbezweige vorsieht, bewegt sich daher im Rahmen des materiellen Sozialversicherungsbegriffs.

4. Gleiche Grundsätze gelten für die Beurteilung der vom Sozialbeirat des Bundesministeriums für Arbeit und Sozialordnung befürworteten Zusammenlegung der Landesversicherungsanstalten der Arbeiter mit der Bundesversicherungsanstalt für Angestellte zu einer einheitlichen Versicherungsanstalt für Arbeiter und Angestellte, für eine organisatorische Umgliederung der einzelnen Landesversicherungsanstalten oder ihrer Zusammenfassung zu einer Bundesversicherungsanstalt für Arbeiter oder für die Anordnung eines umfassenden Gemeinlastverfahrens zwischen den einzelnen Anstalten, um der unterschiedlichen Liquiditätsentwicklung Rechnung zu tragen. Jede dieser Maßnahmen unterfällt dem sozialversicherungsrechtlichen Kompetenztatbestand der Verfassung (Art. 74 Nr. 12 GG).

3. Teil: Sozialer Lastenausgleich und rechtsstaatlicher Grundrechtsschutz

§ 4: Die Vereinbarkeit von sozialversicherungsrechtlichen Lastenausgleichsverfahren mit Art. 3 Abs. 1 GG

Mit der Feststellung, daß der Gesetzgeber gemäß Art. 74 Nr. 12 GG die Kompetenz hat, zwecks Neuregelung der Finanzierungs- und Organisationsstruktur der gesetzlichen Sozialversicherung auch neue Gemeinlast- und Finanzausgleichsverfahren zu schaffen, ist noch nicht gesagt, daß diese im konkreten Fall auch den normativen Anforderungen gerecht werden, die durch den Gleichheitsgrundsatz der Verfassung (Art. 3 Abs. 1 GG) gestellt sind.

1. Der Gesetzgeber muß nach feststehender Rechtsprechung des Bundesverfassungsgerichts[1] auch bei der Regelung der Rechtsverhältnisse von Körperschaften und Anstalten des öffentlichen Rechts den Gleichheitssatz beachten. Diese können sich zwar nicht bei der Wahrnehmung der ihnen gesetzlich übertragenen öffentlich-rechtlichen Zuständigkeiten auf Art. 3 Abs. 1 GG als ein ihnen gemäß Art. 19 Abs. 3 GG zustehendes Grundrecht berufen, weil ein Hoheitsträger als *Adressat* und *Verpflichteter* der Grundrechte (Art. 1 Abs. 3 GG) nicht selbst zugleich *Berechtigter* und *Nutznießer* der Grundrechte sein kann[2]. In Art. 3 Abs. 1 GG kommt jedoch zugleich ein allgemeiner Rechtsgrundsatz zum Ausdruck, der bereits aus dem Wesen des Rechtsstaats und dem Prinzip der allgemeinen Gerechtigkeit folgt und insoweit auch für die Beziehungen innerhalb des hoheitlichen Staatsaufbaus gilt[3].

Das vom Gesetzgeber zu statuierende Lastenausgleichsverfahren muß den Anforderungen des Gleichheitssatzes ferner aber auch deshalb genügen, weil sich dieses über die Sozialversicherungsträger unmittelbar (s. etwa das in § 723 RVO vorgeschriebene Umlageverfahren) auf die

---

[1] BVerfGE *21*, 362, 369; BVerfG NJW *1968*, 739, 740.
[2] Vgl. BVerfGE *15*, 256, 262; *21*, 362, 369; BVerfG NJW *1968*, 739, 740; eingehend zu dieser Frage *Bettermann*, Gewerbefreiheit der öffentlichen Hand, in: Berliner Festschrift für Ernst E. Hirsch, 1968, S. 4 ff.; *Dürig*, Die Voraussetzungen, unter denen sich juristische Personen des öffentlichen Rechts auf Grundrechte berufen können, SchweizZentralBl. f. Staats- und Gemeindeverwaltung *1964*, 481 ff.
[3] Vgl. BVerfGE *21*, 362, 372; BVerfG NJW *1968*, 739, 740.

grundrechtsfähigen zwangszusammengeschlossenen Beitragspflichtigen auswirkt[4].

Die Grenzen, die Art. 3 Abs. 1 GG dem Gesetzgeber bei der Verpflichtung anderer Träger der Sozialversicherung zur Mittragung von Versicherungslasten setzt, seien auch hier wieder zunächst am Beispiel des Art. 3 UVNR dargestellt.

2. *Forsthoff* hat in seinem Rechtsgutachten die Vereinbarkeit der Altlastregelung mit Art. 3 GG verneint[5]. Er meint: Die Verteilung der Aufbringungslasten auf die einzelnen Berufsgenossenschaften sei kein bloßes Zweckmäßigkeitsproblem, sondern ein Gerechtigkeitsproblem; sie müsse deshalb von einsehbaren Vernunftgründen getragen sein, so daß die naheliegende Frage des Betroffenen: „Warum gerade ich?" plausibel beantwortet werden könne. Nur dann sei die Lastenverteilung dem Einwand der Willkür entzogen. Die Lastenausgleichsregelung stehe und falle mit der Auffindung eines Kriteriums, das die Belastung von Wirtschaftszweigen, die mit dem Berufsrisiko des Bergbaus nichts zu tun haben, als vernünftig und für eine am Gerechtigkeitsgedanken orientierte Beurteilung vertretbar erscheinen lasse bzw. das die Freistellung der mit dem Berufsrsisiko des Bergbaus gleichfalls nichts zu tun habenden Landwirtschaft und der öffentlichen Unternehmen von den Aufbringungspflichten rechtfertige. Das Gleichheitsgebot fordere zwischen dem Begünstigten und dem durch die Ausgleichsregelung Belasteten eine charakteristische „wirtschaftliche Nähe", die bei der Altlastregelung fehle. Der Gesetzgeber habe, als er die Aufbringung der Altrentenlast der Bergbau-Berufsgenossenschaft den übrigen Berufsgenossenschaften aufgebürdet habe, nicht eine neue Verteilungsvariante in das System der Sozialversicherung eingeführt, sondern dieses System mit seinen öffentlich-rechtlichen Leistungsverpflichtungen für einen energiepolitischen Zweck sachentfremdet. Diesen Einwendungen ist im folgenden nachzugehen.

Ein Gesetz verletzt nach der feststehenden Rechtsprechung des Bundesverfassungsgerichts nur dann den allgemeinen Gleichheitsgrundsatz des Art. 3 Abs. 1 GG, wenn der Gesetzgeber tatsächliche Gleichheiten bzw. Ungleichheiten der zu ordnenden Lebensverhältnisse unberücksichtigt läßt, obgleich diese so bedeutsam sind, daß sie bei einer am

---

[4] Vgl. BVerfGE *14*, 221, 239; BVerfG NJW *1968*, 739, 740; unrichtig BVerfGE *21*, 362, das mit formalistischem Kunstgriff die *Zulässigkeit* der Verfassungsbeschwerde von seiten eines Trägers der Arbeiterrentenversicherung verneint, weil dieser nicht die Vermögensinteressen der Beitragspflichtigen und Versicherten wahrzunehmen habe, sondern „im Interesse der Gemeinschaft" als verlängerter Arm des Staates handele. Allgemein dazu *Nipperdey-Wiese*, Freie Entfaltung der Persönlichkeit, in: Bettermann-Nipperdey, Die Grundrechte, Bd. IV/2, 1962, S, 741, 777; *Rüfner*, AöR 89 (1964), S. 261 ff.

[5] Rechtsgutachten S. 8 ff.

§ 4: Lastenausgleich und Gleichheitsgrundsatz

Gerechtigkeitsgedanken orientierten Betrachtungsweise beachtet werden müßten[6]. Mit anderen Worten: der Gleichheitssatz ist verletzt, „wenn sich ein vernünftiger, aus der Natur der Sache sich ergebender oder sonst sachlich nicht einleuchtender Grund für die gesetzliche Differenzierung nicht finden läßt. Daher ist dem Gesetzgeber weitgehende Gestaltungsfreiheit zuzuerkennen. Nur die Einhaltung der äußersten Grenzen der gesetzgeberischen Freiheit ist vom Bundesverfassungsgericht nachzuprüfen, die Unsachlichkeit de getroffenen Regelung muß evident sein, wenn Art. 3 Abs. 1 GG verletzt sein soll"[7].

Diese weite Gestaltungsfreiheit des Gesetzgebers ist allerdings geringer, wenn es sich um *benachteiligende* Typisierungen (Generalisierungen) handelt[8]. Er verstößt namentlich dann gegen Art. 3 Abs. 1 GG, wenn er eine besondere Wertentscheidung des Grundgesetzes außer acht läßt[9] oder wenn er die das Gesetz rechtfertigende Motivation nicht folgerichtig durchführt und die in dem betreffenden Gesetz selbst gewählte Sachgesetzlichkeit durchbricht, ohne daß das Gewicht der für die Abweichung sprechenden Gründe der Intensität der getroffenen Ausnahmeregelung entspricht[10].

3. Verpflichtet der Gesetzgeber rechtlich selbständige körperschaftliche Versicherungsträger des öffentlichen Rechts zur (Mit-)Finanzierung von *Fremdlasten*, d. h. von solchen Lasten, die nach der bestehenden sozialversicherungsrechtlichen Regelung an sich von einer anderen Körperschaft aus eigenen Mitteln zu tragen wären, so liegt darin zwar kein Verstoß gegen eine besondere Wertentscheidung des Grundgesetzes, zweifellos aber eine auf den ersten Blick frappante Durchbrechung der vom Gesetz selbst gewählten Sachgesetzlichkeit, daß nämlich jeder Sozialversicherungsträger grundsätzlich die in seinem Bereich entstehenden Ausgaben aus eigenem Beitragsaufkommen zu decken hat. *W. Weber* hat darauf in seiner Kritik an dem Fremdrentenurteil des *Bundesverfassungsgerichts* (BVerfGE 14, 221 ff.) sehr nachdrücklich hingewiesen:

---

[6] Vgl. statt aller BVerfGE *14*, 221, 238; *1*, 264, 265.
[7] BVerfGE *18*, 221, 124; ebenso etwa BVerfG *14*, 221, 238; *12*, 326, 333, 337 f.; *12*, 341, 348; *9*, 124, 130; *2*, 118, 119; *1*, 264, 276; BVerfG NJW *1968*, 739, 740, 741. Vgl. dazu im übrigen *Leibholz*, Die Gleichheit vor dem Gesetz, 2. Aufl. 1959, S. 221, 260 mit weiteren Nachweisen; kritisch gegenüber diesem „Minimalismus" und „Quietismus" verfassungsrechtlicher Kontrolle neuestens *Zacher*, Soziale Gleichheit, AöR 93 (1968), S. 341, 351 ff., 357 ff.
[8] Vgl. BVerfGE *17*, 1, 23; BVerfG NJW *1965*, 1581, 1582; BVerfG NJW *1968*, 739, 741 geht darauf, im Ergebnis unschädlich, leider nicht ein.
[9] BVerfGE *13*, 290, 298; *17*, 210; *18*, 257, 269.
[10] BVerfGE *13*, 331, 340; *15*, 313, 318; *18*, 366, 372; BVerfG NJW *1965*, 1581, 1582; NJW *1967*, 819, 820.

„Aber dabei (sc.: bei der Schaffung öffentlich-rechtlicher Körperschaften) ist immer vorausgesetzt, daß die Körperschaften Dinge ihres eigenen Lebenskreises besorgen und mithin die Mitglieder zu Leistungen herangezogen werden, für die sie eine eigene Verantwortung haben und die ihnen nach den Regeln der Vorzugslast in irgendeiner annähernd konkretisierten Weise wieder zugute kommen. Diese Begrenzung ist dem Begriff der öffentlich-rechtlichen Körperschaft, dem Sinn des korporativen Zwangszusammenschlusses und dem Wesen der körperschaftlichen Mittelaufbringung immanent. Werden aber einer Körperschaft Lasten auferlegt, die ihr ‚fremd' sind, d. h. nicht ihrer Wesensbestimmung entsprechen und von den Mitgliedern in ihrer Eigenschaft als beitragspflichtige Genossen dieser Körperschaft nicht zu verantworten sind, so nimmt die auferlegte Last sofort den Charakter einer Ausnahmebesteuerung an. Dann wird das Prinzip der Steuergleichheit und Steuergerechtigkeit durchbrochen und werden bestimmte Zensiten im Wege dieser Ausnahmebesteuerung herangezogen, weil man sie gerade als Mitglieder einer unter der Gewaltherrschaft des Staates stehenden öffentlichen Zwangskorporation formal bequem zugreifbar beisammen hat. Diese Konsequenz läßt sich auch nicht dadurch umgehen, daß der Gesetzgeber die belastete Körperschaft von hoher Hand umdefiniert, dahin nämlich, daß er ihr die bis dahin fremde Last als neue Aufgabe zuweist und sie als zum Verantwortungsbereich der Körperschaft gehörig deklariert. Einer solchen Umdefinierung sind die engsten Grenzen gesetzt. Die bloße zusätzliche Aufbürdung einer finanziellen Last, die mit der sonstigen Vorbeugungs-, Verhütungs- und Mittelverwaltungsverantwortung der Körperschaft, mit ihren Haftungsvoraussetzungen und Regreßmöglichkeiten sowie mit der Eigenart der vom Gesetz zur Verfügung gestellten Deckungsmöglichkeiten, also mit dem ganzen körperschaftlichen Sinngefüge keinen Sachzusammenhang hat, sprengt diese Grenzen in jedem Falle. Es bleibt dann nichts weiter übrig als der Tatbestand einer Abbürdung von Soziallasten, die an sich aus dem allgemeinen Steueraufkommen getragen werden müßten, auf einen begrenzten Kreis herausgegriffener Verpflichteter, die man gerade zugriffsfähig zur Hand zu haben glaubt. Das ist eine Ausübung der gesetzlichen Regelungsmacht, die sich mit den Rechtsstaatsgrundsätzen des Grundgesetzes nicht vereinbaren läßt[11]."

Die Kritik ist allerdings überspitzt. Die Frage, ob Über- und Abbürdungen im Bereich von Körperschaften des öffentlichen Rechts zulässig sind, ist nicht nach den Regeln über die *Vorzugslast*, sondern allein nach den zu Art. 3 Abs. 1 GG entwickelten Regeln der *Willkürkontrolle* zu beurteilen. Über- oder Abbürdungen im Bereich der gesetzlichen Sozialversicherung sind daher zulässig, wenn die in diesen Maßnahmen liegende Durchbrechung der in dem betreffenden Gesetz selbst statuierten Sachgesetzlichkeit durch das Gewicht der für die Abweichung sprechenden Gründe sachlich gerechtfertigt ist.

Bei dieser Prüfung ist im Auge zu behalten, daß die Aufgliederung der gesetzlichen Sozialversicherung nicht Selbstzweck ist, sondern im

---

[11] W. *Weber*, Die Abbürdung von Kriegsfolgelasten auf die sozialen Versicherungsträger, in: Deutsche Rentenversicherung, Heft 3, Juli *1963*, 148, 153; zustimmend *Forsthoff*, Schriftsatz Vermögensbildungsgesetz; ähnlich auch schon *Rösener*, Zum Fremdrenten-Urteil des Bundesverfassungsgerichts, NJW *1962*, 1995, 1998. Zur Kritik vgl. unter III Anm. 23.

Dienste sachnaher Befriedigung der gesetzlichen Ansprüche der Versicherten steht. Übersteigen die von einem Versicherungsträger aufzubringenden Mittel für die laufenden Ausgaben diejenigen anderer Versicherungsträger, die bei einem in etwa gleichen Risiko gleiche Leistungen gewähren, nicht unerheblich, so liegt es im Interesse gerechter Lastenverteilung nahe, zwischen den betreffenden Versicherungsträgern, wenn man schon ihre organisationsrechtliche Selbständigkeit beibehalten will, wenigstens doch ein Lastenausgleichsverfahren einzuführen. Dafür sprechen im Falle der Überbürdung der Altrentenlast der Bergbau-Berufsgenossenschaft auf die übrigen gewerblichen Berufsgenossenschaften und die See-Berufsgenossenschaft triftige Gründe, deren Gewicht, wie im folgenden zu zeigen sein wird, die getroffene Ausnahmeregelung rechtfertigt.

a) Die von der Bergbau-Berufsgenossenschaft bereitzustellenden Aufwendungen für die Finanzierung der Unfallrenten sind unverhältnismäßig viel höher als bei den anderen Berufsgenossenschaften. Als Folge des Strukturwandels auf dem Energiesektor hat sich die Zahl der im Bergbau Beschäftigten im letzten Jahrzehnt erheblich verringert. Die Zahl der Rentner hat dagegen noch zugenommen, weil die Rentenverpflichtungen aus der Zeit des größeren wirtschaftlichen Umfangs des Bergbaus überwiegend weiterbestehen und seit der Schrumpfung des Bergbaus neue Rentenverpflichtungen hinzugekommen sind. Da die Kosten der Unfälle, insbesondere die häufig weit in die Zukunft greifenden Rentenverpflichtungen, in der gesetzlichen Unfallversicherung *nicht* im Zeitpunkt ihrer Entstehung, im Unfalljahr, kapitalisiert eingehoben und für die späteren Auszahlungen bereitgehalten werden, hat diese hohe Rentenbelastung den geschrumpften Bergbau sehr erheblich getroffen. Während die Ausgaben steigen, schrumpft der Kreis der Unternehmen, die die notwendigen Finanzierungsmittel aufbringen müssen. Die stillgelegten Zechen scheiden aus der Berufsgenossenschaft aus. Die von ihnen verursachten Rentenlasten müssen, da die Lohnsumme der sozialversicherungsrechtliche Maßstab der Beitragserhebung in der Unfallversicherung ist, von den verbleibenden Unternehmen getragen werden. Diese werden also stärker belastet. Da auch von den weiterproduzierenden Zechen Arbeitskräfte abwandern und die Lohnsumme geringer wird, gestaltet sich das Verhältnis der Lohnsumme zu den Unfallasten immer ungünstiger.

Die rückläufige Entwicklung der Zahl der Versicherten bei gleichzeitiger Zunahme der Rentenempfänger hat dazu geführt, daß im Jahre 1964 bei der Bergbau-Berufsgenossenschaft 415 Rentenempfänger auf 1 000 Versicherte kamen. Im Jahre 1956 waren es nur 259 Rentner. Das entspricht einer Zunahme von 59,9 %. Da die Versicherten- und Rentnerzahlen bei den übrigen gewerblichen Berufsgenossenschaften prozentual beinahe parallel zunahmen, ist die Zahl der auf 1 000 Versicherte entfallenden Rentenempfänger dort mit

28 Fällen konstant geblieben. Im Jahre 1964 liegt die Zahl der Rentenempfänger je 1 000 Versicherte im Bergbau um beinahe das 15fache über derjenigen in der übrigen gewerblichen Wirtschaft. Als Folge dieser Entwicklung sind die Umlageanteile je 100 DM Entgelt bei der Bergbau-Berufsgenossenschaft von 7,69 DM im Jahre 1956 auf 13,64 DM im Jahre 1964 angestiegen (+ 77,4 %). Die mit 1,11 DM für 1956 und 1,23 DM für 1964 wesentlich niedrigeren Sätze bei den übrigen gewerblichen Berufsgenossenschaften verzeichnen in dieser Zeit nur eine Zunahme um 10,8 %[12].

Die seit jeher infolge der größeren Unfallgefahr im Bergbau höheren Aufwendungen des Bergbaus für Unfallrenten haben sich in letzter Zeit daher in unverhältnismäßiger Weise zu einer besonders drückenden Belastung der Unternehmen entwickelt. Dies beruht überwiegend auf Umständen, die außerhalb des Unfallrisikos, jedoch wesentlich im sozialversicherungsrechtlichen Bereich liegen. Auch die Ausweitung der Anerkennung von Berufskrankheiten und die gesetzlichen Rentenerhöhungen haben zu dieser Entwicklung beigetragen.

In der Bundesrepublik Deutschland haben die älteren Renten infolge ständig angestiegener Löhne und Preise ihren ursprünglichen Wert verloren. Der Gesetzgeber hat diese Entwicklung aufgefangen, indem er die Angleichung der älteren Renten in der Unfallversicherung durch zwei vorläufige Neuregelungsgesetze und zuletzt durch jährlich erlassene Rentenanpassungsgesetze anordnete. Die Angleichung erfolgt jeweils nach Maßgabe des allgemeinen (durchschnittlichen) Anstiegs der Brutto-Lohn- und Gehaltssummen in der gesamten Bundesrepublik. Theoretisch wird mit diesem Verfahren ein gleiches Leistungsniveau für ältere und neue Rentenfälle erzielt. Tatsächlich ergibt sich jedoch innerhalb der einzelnen Wirtschaftszweige ein unterschiedlicher Grad der Anpassung dadurch, daß die generellen Faktoren der Anpassungsgesetze nicht für jeden Wirtschaftszweig in gleicher Weise zutreffen. Dadurch können insbesondere in Wirtschaftszweigen mit extremen Lohnbewegungen ältere Renten in einem Maße angehoben werden, daß sie sich deutlich von den Leistungen eines vergleichbaren Rentners aus neuerer Zeit abheben.

Infolge seiner derzeitigen wirtschaftlichen Situation hat der Bergbau im letzten Jahrzehnt das Tempo der Lohnentwicklung in der übrigen Wirtschaft nicht in vollem Umfang mithalten können. Das Lohnniveau (durchschnittliches Entgelt je Versicherten) hat im Bergbau zwischen den Jahren 1956 und 1964 um 61,8 % zugenommen; gleichzeitig war in der übrigen gewerblichen Wirtschaft ein Anstieg um 99,4 % zu verzeichnen. Schon diese Gegenüberstellung zeigt, daß die auf der allgemeinen Entwicklung des Lohnniveaus basierenden Faktoren zu unterschiedlichen Ergebnissen führen müssen.

Die hierauf beruhenden erheblichen Auswirkungen auf der Leistungsseite zeichnen sich darin ab, daß die durchschnittliche Verletzten- und Erkranktenrente bei der Bergbau-Berufsgenossenschaft mit 72,9 % in einem stärkeren Maße anstieg als das Lohnniveau im Bergbau, das nur um 61,8 % zunahm. Im Gegensatz hierzu ist in der übrigen Wirtschaft die Steigerung der Rentenleistungen mit 85,0 % hinter der Entwicklung des Lohnniveaus (+ 99,4 %) zurückgeblieben. Die Bezüge der Rentenempfänger im Bergbau wurden also prozentual stärker angehoben, als dies bei den Löhnen und Gehältern der im Bergbau Tätigen der Fall war. In der übrigen Wirtschaft war es umgekehrt. Hier haben die Rentenempfänger nicht in vollem Umfange an den Lohn-

---

[12] Vgl. dazu die Belege in: Der Kompaß, Zeitschrift für Sozialversicherung im Bergbau *1966*, 106 ff.

§ 4: Lastenausgleich und Gleichheitsgrundsatz

erhöhungen teilgenommen. Dieses leichte Zurückbleiben der Rentenangleichung hinter der Lohnentwicklung scheint auch vom Gesetzgeber beabsichtigt zu sein; denn nach § 579 Abs. 2 RVO erstreckt sich die Anpassung auf Unfälle, die vor Beginn des zweiten, vor dem Zeitpunkt der Anpassung liegenden Kalenderjahres eingetreten sind. Die Lohnentwicklung der beiden letzten Jahre bleibt somit jeweils unberücksichtigt. — Wenn die Renten im Bergbau trotz dieser Einschränkung relativ stärker angehoben wurden als der Verdienst der aktiven Bergleute, so ist auch das ein bezeichnender Hinweis auf die erheblichen Mehrbelastungen der Bergbau-Berufsgenossenschaft im Vergleich zu den übrigen Berufsgenossenschaften der gewerblichen Wirtschaft.

Es ist weiterhin zu berücksichtigen, daß die aus dem Bergbau abgewanderten Arbeitskräfte, die mit dem von ihnen erarbeiteten Anteil am Sozialprodukt bisher das Umlageaufbringen der Bergbau-Berufsgenossenschaft bestritten haben, in andere Wirtschaftszweige übergewechselt sind und dort im gleichen Umfang, wie das Lohnvolumen des Bergbaus geschwächt wurde, zu einer Erhöhung des Lohnvolumens der übrigen gewerblichen Wirtschaft beigetragen haben. Sie beteiligen sich dort über die von ihnen erarbeitete Lohnsumme an den Umlagelasten dieser gewerblichen Berufsgenossenschaften, obwohl sie diese Lasten nicht verursacht haben. Der Reduzierung des Lohnvolumens im Bergbau mit der zwangsläufigen Folge einer Erhöhung der Beitragssätze zur gesetzlichen Unfallversicherung steht eine Steigerung des Lohnvolumens im Bereich der anderen Berufsgenossenschaften gegenüber, was dort zu einer Senkung der Beitragssätze führt.

Dem Gesetzgeber, der solchen ökonomisch bedingten Umschichtungsprozessen, wie sie sich auch in anderen Gewerbezweigen einer modernen marktwirtschaftlich orientierten Volkswirtschaft abspielen können, durch organisatorische bzw. finanztechnische Vorschriften Rechnung trägt, kann nicht der Vorwurf der Willkür gemacht werden. Die einmal unter wirtschaftlichen und technischen Gesichtspunkten zweckmäßig gewesene Organisations- und Finanzierungsstruktur der gesetzlichen Sozialversicherungsträger ist nicht verfassungsrechtlich zementiert (s. o. § 2, 2). Ein auf dem branchenmäßig unterschiedlich hohen Risiko aufbauendes System schließt notwendig mehr oder weniger extreme Differenzen der Risiken und damit der Beitragspflichten ein. Es basiert daher auf der Voraussetzung, daß diese Beiträge als Teil der Gestehungskosten über den Preis zu verkraften sind. Ist diese Voraussetzung nicht mehr gegeben, so muß der Gesetzgeber entweder durch offene Subventionierung[13] oder durch Neuordnung des unfallversicherungsrechtlichen Umlagesystems eingreifen, um das sozialpolitische Ziel der Unfallversicherung, die Ansprüche der Versicherten aus Arbeitsunfällen und Berufskrankheiten zu befriedigen, nicht zu gefährden.

---

[13] Vgl. § 732 Abs. 2 RVO, eingefügt durch das Gesetz zur Änderung von Vorschriften in der Unfallversicherung und in der knappschaftlichen Rentenversicherung vom 15. 9. 1965; ferner §§ 389 Abs. 2 Satz 2; 526 f. RVO für die gesetzliche Rentenversicherung. Auf die im Hinblick auf Art. 120 GG bestrittene Verfassungsmäßigkeit des § 389 Abs. 2 Satz 2 RVO kann hier nicht eingegangen werden.

Forsthoff scheint die *Technizität* des Prinzips der Ablösung der individuellen unternehmerischen Haftpflicht durch eine öffentlich-rechtliche genossenschaftliche Haftung von Unternehmen *branchengleicher* Betriebe auf der Basis des Umlagesystems gar nicht klar erkannt zu haben. Es hätte ihm zu denken geben sollen, daß die deutsche gesetzliche Arbeitsunfallversicherung zwar Modell für zahlreiche andere Staaten wurde, aber keiner dieser anderen Staaten das Prinzip der branchenbezogenen Organisation der Unfallversicherung übernommen hat, da dieses Prinzip, soll die innere, gerade von *Forsthoff* betonte Verbindung von Schadensausgleich und Mittelaufbringung gewahrt bleiben, der ständigen Korrektur an die sich wandelnden wirtschaftlich-technologischen Bedingungen der modernen Gesellschaft bedarf.

b) Fast acht Jahrzehnte lang, nämlich seit Einführung der gesetzlichen Unfallversicherung durch das Unfallversicherungsgesetz von 1884 bis zum Jahre 1963, als die durch die Strukturkrise des Bergbaus hervorgerufene Bedrohung der Leistungsfähigkeit der Bergbau-Berufsgenossenschaft die Funktionsfähigkeit der gesamten deutschen gewerblichen Unfallversicherung zu gefährden drohte, hielten sich die gewerblichen Strukturverschiebungen und deren Rückwirkungen auf die Finanzstruktur der Unfallversicherungsträger in einem solchen Rahmen, daß sie durch interne solidarische Ausgleichsmaßnahmen der einzelnen Unfallversicherungsträger bewältigt werden konnten. So haben z. B. auch die übrigen Gewerbezweige des Bergbaus, nachdem der durch die Dekartellisierungsgesetze von seinen Muttergesellschaften getrennte Erzbergbau zu erliegen kam, die von diesem Bergbauzweig hinterlassene Rentenlast in Höhe von etwa 9 Mill. DM jährlich solidarisch getragen, ohne die Hilfe Außenstehender in Anspruch zu nehmen.

Die Automatik, nach der sich eine solche interne Lastenverlagerung unter den Gewerbezweigen der einzelnen Berufsgenossenschaft im Rahmen des Spannungsverhältnisses von Haftungsprinzip und Solidaritätsprinzip vollzieht, liegt in den gesetzlichen Vorschriften über das Umlageverfahren und über das Gefahrtarifwesen der Berufsgenossenschaften begründet (§§ 723 ff. RVO). Den Schlüssel zu diesem Finanzierungssystem bildet der *Gefahrtarif*, mit dem die sog. Gefahrklassen festgesetzt werden. Diese sind reine Verhältniszahlen, die sich aus der Gegenüberstellung von Lohnsumme und erstmaligen Entschädigungen der lebenden Betriebe eines Gewerbezweigs innerhalb eines Beobachtungszeitraumes von in der Regel fünf Jahren ergeben. Die dabei ermittelte Unfallbelastung auf 1 000 DM Lohnsumme wird nach geringfügiger Auf- oder Abrundung als Gefahrklasse festgesetzt (§ 730 ff. RVO).

Eine aus der Lohnsumme und den finanziellen Aufwendungen gebildete Gefahrklasse setzt sich aus den Komponenten zusammen, denen im Rahmen der Umlage eine wesentliche Bedeutung zukommt. Entscheidend ist dabei der Gesichtspunkt, daß die Unfallasten selber wiederum weitgehend durch die Lohnsumme der Versicherten bestimmt werden, da diese Lohnsumme einen erheblichen Einfluß auf die Höhe der Rentenleistungen hat. Die Ermittlung der Unfallgefahr ist somit bei der Gefahrtarifbildung nicht Selbstzweck, sondern nur ein Mittel, um einen Verteilungsschlüssel für die Umlage der in der Vergangenheit entstandenen und jetzt umzulegenden Lasten zu gewinnen.

Nachdem das sog. *Umlagesoll*, d. h. der Betrag, der durch die Umlage zu decken ist, ermittelt und die Höhe der Lohnsumme des Umlagejahres in

§ 4: Lastenausgleich und Gleichheitsgrundsatz

den einzelnen Mitgliedsbetrieben festgestellt worden ist, wird die Umlageabrechnung auf der Basis der Lohnsumme und der Gefahrklassen durchgeführt. Dies geht in der Weise vor sich, daß die Lohnsummen eines jeden Gewerbezweiges mit der zugehörigen Gefahrklasse multipliziert werden. Das Produkt sind die Beitragseinheiten. Durch die Summe aller Beitragseinheiten der Berufsgenossenschaft wird sodann das Umlagesoll dividiert. Hieraus ergibt sich der sog. Beitragsfuß, d. h. eine bestimmte Belastung auf 1 000 DM Lohnsumme in der Gefahrklasse 1. Die Beitragsbelastung der Gewerbezweige mit höheren Gefahrklassen übersteigt diesen Beitragssatz um das Vielfache, wie sie von der Gefahrklasse 1 abweicht.

Beispiel: Wenn der Beitragssatz in der Gefahrklasse 1 = 1,— DM beträgt, so beträgt der Beitragssatz in der Gefahrklasse 8 = 8,— DM.

Aus der Funktion des Gefahrtarifs und der Lohnsumme lassen sich folgende Erkenntnisse gewinnen:

α) Grundsätzlich wird jeder Gewerbezweig entsprechend den von ihm verursachten Lasten an der Umlage der Berufsgenossenschaft beteiligt. Der jeweils zu tragende Umlageanteil entspricht also sozusagen seinem Risiko. Der Solidaritätsgedanke beschränkt sich insoweit noch auf den Bereich des jeweiligen Gewerbezweiges, d. h. die Betriebe eines Gewerbezweiges werden — abgesehen von einer im Interesse der betriebsbezogenen Unfallverhütung vorzunehmenden Beitragsstaffelung innerhalb des Gewerbezweiges — ohne Rücksicht auf die vom einzelnen Betrieb jeweils verursachten Lasten entsprechend dem Gefährdungsgrad des Gewerbezweiges solidarisch zur Umlage herangezogen. Andererseits haben die Betriebe aber auch nur die von ihrem Gewerbezweig verursachten Lasten zu tragen.

β) Der vorstehend geschilderte Zustand ist jedoch in dieser Form mehr oder weniger nur als Denkmodell vorstellbar; in dieser Reinheit lag er allenfalls in den ersten Jahren der gesetzlichen Unfallversicherung vor. *Spätestens zu dem Zeitpunkt, in dem sich innerhalb einzelner Gewerbezweige einer Berufsgenossenschaft Strukturverschiebungen ergaben, einzelne Gewerbezweige also schrumpften oder ganz verschwanden, mußte der Grundsatz der Solidarität über den einzelnen Gewerbezweig hinaus auf alle Gewerbezweige einer Berufsgenossenschaft ausgedehnt werden.* Auch schrumpfende und eingehende Betriebe hinterlassen Lasten, die bei der jeweils zuständigen Berufsgenossenschaft verbleiben. Sie bestimmen das Umlagesoll einer Berufsgenossenschaft entsprechend mit. Entsprechend den Beitragseinheiten (Produkt aus Lohnsumme und Gefahrklasse) muß die sog. *tote Last,* d. h. die Last nicht mehr bestehender Betriebe auf *alle* noch bestehenden Betriebe einer Berufsgenossenschaft und damit auf *alle* ihre Gewerbezweige verteilt werden. Selbst wenn zur Verteilung dieser toten Last ein anderer Schlüssel, z. B. statt der Beitragseinheiten nur die Lohnsumme, gewählt werden würde, verbliebe es dennoch bei einer Aufteilung dieser Last auf die Gesamtheit der Mitglieder einer Berufsgenossenschaft.

γ) Ein solcher Lastenausgleich geht seit Bestehen der Berufsgenossenschaften vor sich. Er ist im Spannungsverhältnis zwischen Haftung und Solidarität gelöst worden. Dieses System des innerberufsgenossenschaftlichen Lastenausgleichs konnte funktionieren, solange der Strukturwandel sich in dem üblichen Rahmen hielt und *alle* Berufsgenossenschaften von ihm in etwa gleichem Maße betroffen wurden. Solange dies der Fall war, konnten und wurden Strukturwandlungen im Rahmen der jeweiligen Berufsgenossenschaft aufgefangen. Gelegentlich auftretende Strukturverschiebungen geringeren

Ausmaßes wurden im Laufe der geschichtlichen Entwicklung auch durch die Zusammenlegung kleinerer Berufsgenossenschaften bewältigt.

Erst die immer rascher fortschreitende Entwicklung von Wirtschaft und Technik, die alle Grenzen des bisherigen Strukturwandels überschritten hat und künftig in noch stärkerem Maße überschreiten wird, stellte das interne Finanzierungssystem im Rahmen der berufsgenossenschaftlichen Zuständigkeitsregelung in Frage. Andere Strukturveränderungen, wie die Verdrängung des Energieträgers Kohle durch Erdöl, Erdgas, Atomenergie u. a. sind in ihrem Ausmaß noch stärker. Die ersten Anzeichen einer Auswirkung des allgemeinen Strukturwandels auf eine Reihe anderer Berufsgenossenschaften sind erkennbar. Das Vordringen des Kunststoffs berührt Industriezweige auf der Basis von Holz, Metall, Stein u. a. Die Binnenschiffahrt leidet nicht zuletzt unter dem Strukturwandel im Bereich des Kohlenbergbaus. Die für diese Industriezweige zuständigen Berufsgenossenschaften verlieren ihre Beitragsbasis durch Abwanderung ihrer Arbeitskräfte in andere Wirtschaftszweige, ohne gleichzeitig auch ihre Lasten übertragen zu können.

Entspräche es etwa der Forderung nach „wirtschaftlicher Nähe" zwischen Begünstigten und Belasteten, wenn alle Betriebe, die bislang ihre Produkte aus Holz oder Metall gefertigt haben, nunmehr ihre Produktion auf Kunststoff umstellen und infolgedessen zur Berufsgenossenschaft der chemischen Industrie überwechseln oder gar eine eigene Kunststoff-Berufsgenossenschaft *ohne Altlast* gründeten? An diesem Beispiel zeigt sich in voller Schärfe der formalistische, historisch zufällige Finanzierungsstrukturen verabsolutierende und dadurch gerade dem von ihm so prononciert herausgestellten Postulat sachgerechter Verknüpfung von Begünstigung und Belastung nicht gerecht werdende Charakter der Argumentation *Forsthoffs* (s. auch S. 39).

Die in den dort wiedergegebenen Werten sich abzeichnenden unterschiedlichen Belastungsverhältnisse der einzelnen Berufsgenossenschaften sind keineswegs allein von der *unterschiedlichen Unfallgefährdung* beeinflußt, sondern geben Aufschluß darüber, in welchem Umfang sich interne Strukturverschiebungen und solidarische Verteilungen von Totlasten untergegangener oder zurückgegangener Gewerbezweige und die Umlage von Fremdrentenlasten, die den Strukturveränderungen ebenfalls nicht folgen, auf das Beitragsniveau auswirken.

Es darf weiterhin nicht übersehen werden, daß die wirtschaftlichen Beziehungen von Gewerbezweigen, die Mitglieder verschiedener Berufsgenossenschaften sind, im Hinblick auf ihre wirtschaftliche Verflechtung u. U. enger sein können, als dies im Verhältnis von Gewerbezweigen innerhalb einer Berufsgenossenschaft der Fall ist.

c) Angesichts der unter b) geschilderten strukturellen Wandlungen mußte der Gesetzgeber entweder die berufsgenossenschaftlichen Zuständigkeitsgrenzen ändern bzw., da sich diese Veränderungen auch jetzt noch nicht völlig übersehen lassen und historisch gewachsene, ursprünglich sachgerechte Systeme nicht von heute auf morgen geändert werden können, eine Neuregelung des Finanzierungssystems treffen. *Aus dieser Sicht bedeutet die Altlastregelung letztlich nichts anderes als die Übertragung des Lastenausgleichs von Gewerbezweigen innerhalb e i n e r Berufsgenossenschaft auf die Gewerbezweige a l l e r Berufsgenossenschaften.* Das Verfahren, das entsprechend diesen tatsäch-

§ 4: Lastenausgleich und Gleichheitsgrundsatz

Entwicklung der Höhe der Entgelte und der Zahl der Versicherten sowie der Entschädigungsleistungen je 100 DM Entgelt und der Anzahl der Renten je 1000 Versicherte zwischen den Jahren 1950 und 1965* bei einigen gewerblichen Berufsgenossenschaften

1	Bergbau-BG	BG der Feinmechanik und Elektrotechnik	BG der chemischen Industrie	Süddeutsche Eisen- und Stahl-BG	Binnenschiffahrts-BG
	2	3	4	5	6
I. Entgelt (Lohnsummen)					
im Jahr 1950	DM 2 185 135 889	DM 1 891 626 280	DM 1 474 380 000	DM 1 663 278 048	DM 99 758 279
im Jahr 1965	5 063 964 550	16 076 871 859	9 384 580 200	12 807 764 623	370 449 506
Zu- bzw. Abnahme in %	+ 131,75 %	+ 749,90 %	+ 536,51 %	+ 670,03 %	+ 271,35 %
II. Versicherte					
im Jahr 1950	Anzahl 571 367	Anzahl 586 716	Anzahl 388 353	Anzahl 539 658	Anzahl 37 273
im Jahr 1965	481 357	1 667 564	826 225	1 351 037	56 110
Zu- bzw. Abnahme in %	− 15,75 %	+ 184,22 %	+ 112,75 %	+ 150,35 %	+ 50,54 %
III. Entschädigungsleistungen — ohne Rücklage je 100 DM Entgelt					
im Jahr 1950	DM 6,82	DM 0,66	DM 0,95	DM 0,91	DM 2,13
im Jahr 1965	13,38	0,60	0,87	1,05	2,74
Zu- bzw. Abnahme in %	+ 96,19 %	− 9,09 %	− 8,42 %	+ 15,38 %	+ 28,64 %
IV. Gesamtzahl der Renten je 1000 Versicherte					
im Jahr 1950	Anzahl 218,30	Anzahl 22,88	Anzahl 38,73	Anzahl 35,59	Anzahl 63,40
im Jahr 1965	432,07	18,89	27,52	31,21	59,92
Zu- bzw. Abnahme in %	+ 97,92 %	− 17,44 %	− 28,94 %	− 12,31 %	− 5,49 %

* 1965 einschließlich Saarland.

lichen und rechtlichen Gegebenheiten als Ausfluß des Solidaritätsprinzips innerhalb einer Berufsgenossenschaft als durchaus sachgerecht und auch notwendig angesehen wird, kann der Gesetzgeber dann, wenn die Strukturverschiebungen ein solches Ausmaß angenommen haben, daß sie im Rahmen der bestehenden Zuständigkeitsgrenzen nicht mehr mit der Systematik des Gefahrtarifwesens und des Umlageverfahrens aufgefangen werden können, weil die gesamte Interdependenz der Wirtschaft berührt wird, ohne gegen Art. 3 GG zu verstoßen, über die Grenzen einer Berufsgenossenschaft hinaus auf die gesamte Unfallversicherung erstrecken.

4. Der Gesetzgeber hat sich beim Erlaß des Art. 3 UVNG zunächst nur darauf beschränkt, einen akuten Notstand, wie er bei der Bergbau-Berufsgenossenschaft zutage getreten war, zu beheben, gleichzeitig aber zu erkennen gegeben, daß er eine umfassende Regelung der gesamten Problematik anstrebt. Dies ergibt sich daraus, daß der Hauptverband der gewerblichen Berufsgenossenschaften beauftragt wurde, dem Bundesminister für Arbeit und Sozialordnung einen Plan für eine Zusammenlegung von gewerblichen Berufsgenossenschaften vorzulegen (Art. 4 § 13 UVNG), ferner die Bundesregierung in einer einstimmigen Entschließung des Deutschen Bundestages vom 8. 12. 1966[14] ersucht wurde, „das System der Finanzierung der gesetzlichen Unfallversicherung einschließlich der Eigenunfallversicherung des Bundes, der Länder und der Gemeinden daraufhin zu prüfen, wie durch Strukturveränderungen bedingte unangemessene Beitragsbelastungen einzelner Wirtschaftszweige ausgeglichen werden können".

Wenn sich der Gesetzgeber somit bei der Regelung der Bergbau-Altlast zunächst nur die unabweislich akuten Probleme gelöst hat, so hat er doch gleichzeitig eindeutig kundgetan, daß er die Anpassung des Finanzierungssystems der Unfallversicherung an die veränderten strukturellen Verhältnisse der Wirtschaft unter Beachtung des Spannungsverhältnisses von Haftung und Solidarität auf allgemeiner Basis anstrebt. Ein unzulässiges *Maßnahmegesetz* liegt ebenfalls nicht vor (s. u. § 6, 1).

Angesichts der ökonomisch-technologischen Strukturwandlungen und der dadurch bedingten branchenspezifischen Expansions- und Schrumpfungsprozesse, die sich im Bereich der gesetzlichen Unfallversicherung in einem extrem unterschiedlichen Belastungsgefälle zwischen den einzelnen Berufsgenossenschaften auswirken, verstieß der Gesetzgeber nicht gegen den Gleichheitsgrundsatz (Art. 3 Abs. 1, 1 Abs. 3 GG), als er die infolge dieser Wandlungen am schwersten belastete Berufsgenossenschaft entlastete und die Differenzen der Beitragslasten durch Neuordnung des unfallversicherungsrechtlichen Umlagesystems wenigstens insoweit einebnete, daß der Anteil, den die Wachstums- und Rezessionsprozesse an dem Belastungsgefälle haben, ausgeglichen und die Befriedigung der Ansprüche der Versicherten aus Arbeitsunfällen und Berufskrankheiten nicht gefährdet wurde.

5. Zusammenfassend läßt sich feststellen:

Die Durchbrechung des Grundsatzes, daß jeder Sozialversicherungsträger nur die in seinem Bereich entstehenden Ausgaben zu finanzieren

---

[14] BT-Drucksache V 113.

hat, durch die in Art. 3 UVNG getroffene Regelung läßt sich aus den Prinzipien der gesetzlichen Unfallversicherung sachlich einleuchtend rechtfertigen: Die Unfallversicherung erfüllt ihre Aufgabe, die Ansprüche der Versicherten aus Arbeitsunfällen und Berufskrankheiten zu befriedigen, in der Weise, daß die privatrechtlichen Ansprüche des Versicherten aus derartigen Versicherungsfällen gegen die Unternehmer durch einen besonderen Versicherungsträger abgelöst und nach Maßgabe öffentlich-rechtlicher Grundsätze erfüllt werden. Aus diesem Grunde sind die Unternehmen alleinige Mitglieder und Beitragsschuldner in der Unfallversicherung. Der Grundsatz der gewerblichen Gliederung und die sich hieraus ergebende Konsequenz einer Haftungsbeschränkung auf den Bereich der eigenen Berufsgenossenschaft ist gegenüber der prinzipalen Zielsetzung der Sozialversicherung, nämlich die Befriedigung der gesetzlichen Leistungsansprüche der Versicherten zu garantieren, sekundärer Natur. Gliederung und Haftungsbeschränkung auf den eigenen Bereich haben daher als ordnende Gestaltungsprinzipien des Sozialversicherungsrechts nur solange Vorrang, als sie nicht, als Selbstzweck verabsolutiert, die Erfüllung der Haftpflichtansprüche der Versicherten inhibieren. Die jeweilige Organisations- und Finanzierungsstruktur der gesetzlichen Sozialversicherung ist also nicht unabänderlich.

Es bestünde mithin kein verfassungsrechtliches Hindernis, die gesamte Unfallversicherung auf eine Einheitskörperschaft zu übertragen, die alle Gewerbezweige versicherungstechnisch umfaßt, so daß Strukturverschiebungen innerhalb der Einheitskörperschaft automatisch ausgeglichen werden würden, ohne daß dies nach außen hin als Intensivierung der solidarischen Einstandspflicht in Erscheinung träte. Da der Gesetzgeber aus politischen Gründen eine solche Maßnahme nicht getroffen hat, ist es — als notwendiges Korrelat zur gegliederten Unfallversicherung — aus dem versicherungswirtschaftlichen Gedanken der Risikogemeinschaft aller beitragspflichtigen Unternehmer erforderlich, durch gesetzliche Maßnahmen für einen finanziellen Ausgleich unter den einzelnen Versicherungsträgern zu sorgen, soweit dies bei strukturellen Einnahme- und Ausgabenverschiebungen im Interesse einer sachgerechten Belastung der zur Aufbringung der Finanzierungsmittel verpflichteten Unternehmen geboten erscheint.

Schafft daher der Gesetzgeber in einer Situation, in der die Leistungsfähigkeit einer Berufsgenossenschaft ernsthaft gefährdet ist (s. o. unter 3) eine diese Berufsgenossenschaft begünstigende Sonderregelung durch Statuierung eines Gemeinlastverfahrens, so handelt er durchaus sozialversicherungskonform. Ob eine andere als die gewählte Lösung besser gewesen wäre, ist hier nicht zu entscheiden. Der Gesetzgeber jedenfalls hat nicht gegen Art. 3 Abs. 1 GG verstoßen, als er andere Berufsgenossenschaften zur Mittragung der Altlast der Bergbau-Berufsgenossenschaft verpflichtete[15].

6. Der Gesetzgeber hat bei der Wahl seiner Mittel auch nicht dadurch gegen den Gleichheitsgrundsatz verstoßen, daß er zur Mittragung der Altlast *nur* die gewerblichen Berufsgenossenschaften und die See-Berufsgenossenschaft, nicht aber auch die landwirtschaftlichen Berufsgenossenschaften und die übrigen Träger der Unfallversicherung herangezogen hat. Denn diese unterschiedliche Behandlung verschiedener Berufsgenossenschaften beruht auf sachlichen, einleuchtenden Erwägungen.

Die Heranziehung der gewerblichen Berufsgenossenschaften bedeutet eine Sonderbelastung der gewerblichen Wirtschaft. Als solche steht sie aber im Vergleich zu Steuern und Lasten anderer Art nicht allein. Durch das Investitionshilfegesetz wurde z. B. die gewerbliche Wirtschaft zwecks Deckung des Investitionsbedarfs u. a. des Steinkohlenbergbaus zur Aufbringung eines erheblichen Beitrages verpflichtet. Das *Bundesverfassungsgericht* hat die Verfassungsmäßigkeit dieses Gesetzes entgegen der gutachtlich vertretenen Ansicht Forsthoffs bejaht. Denn die Betriebe der gewerblichen Wirtschaft seien „von jeher als besonderes Objekt öffentlicher Lasten anerkannt (Gewerbesteuer, Industriebelastung, Osthilfe). In der Rechtsprechung sind sogar Sondersteuern für einzelne Berufsstände und Gewerbezweige als mit dem Gleichheitssatz vereinbar angesehen worden (vgl. RFH 27, 321, 322; Württemberg-Badischer Staatsgerichtshof, Verwaltungsrechtsprechung 4, 1, 10), wenn sie mit der Eigenart des Sachverhalts begründet werden können"[16].

Nach der Rechtsprechung des *Bundesverfassungsgerichts* läßt der Gleichheitsgrundsatz also durchaus den Erlaß von Gesetzen im Interesse einzelner Gruppen zu, sofern diese Gesetze im Interesse des Gemeinwohls geboten sind und nicht willkürlich die schutzwürdigen Interessen anderer vernachlässigen. Letzteres trifft auf die Altlastregelung nicht zu; denn die Mehrbelastung der gewerblichen Berufsgenossenschaften und der See-Berufsgenossenschaft durch die Ausklammerung der landwirtschaftlichen und staatlichen bzw. gemeindlichen Berufsgenossenschaften von der Aufbringung der Mittel für die Altlasten der Bergbau-Berufsgenossenschaft war aus folgenden Gründen geboten:

Die Landwirtschaft ist wegen der Veränderung der Wettbewerbsstruktur auf dem Agrarmarkt zur Zeit noch Gegenstand weitgehender staatlicher Subventionierung. Die Auferlegung neuer Lasten mußte daher nach Möglichkeit vermieden werden, um die Wirkung der gewährten Subventionen nicht wieder aufzuheben oder zumindest abzuschwächen. Aus diesen Erwägungen heraus hat der Gesetzgeber die Landwirtschaft auch von der Fremdrentenlast freigestellt. Die gegen dieses Gesetz erhobenen Angriffe sind vom *Bundesverfassungsgericht* sämtlich zurückgewiesen worden: „Landwirtschaft und

---

[15] Ebenso BVerfG NJW *1968*, 739, 740 f.; vgl. auch BAG SAE *1966*, 122, 125. Wie das BVerfG auch die Sozialgerichte München (S 596/AU/64), Augsburg (S-U 517/64), Bremen (SU 150/64), (SU 204/64), (SU 205/64), (SU 165/65), Hamburg (23-U 465/64), Düsseldorf (18 U 529/64), (17 U 120/64), (17 U 121/64), (17 U 123/64), (17 U 124/64), (17 U 126/64), (17 U 137/64), (16 [18] U 570/64), Mannheim (S 3 U 2161/64), (S 8 U 1503/64), Darmstadt (S-1/U-24/65), Detmold (S 3 [18] U 96/64), (S 3 U 7/65), Nürnberg (S/3/U[G] 444/64), (S/3/U[G] 242/65) und das LSG Hamburg (IV UBf. 74/64).

[16] BVerfGE 4, 7, 19 f.; ebenso BVerfGE 9, 20, 32; 11, 245, 253; 17, 1, 23; BVerfG NJW *1968*, 739, 741.

Gartenbau werden vom Bund auf mannigfache Weise finanziell gestützt, so nach dem Grünen Plan unter Aufwendung von weit mehr als 1 Milliarde DM jährlich. Wenn der Gesetzgeber die finanzielle Lage dieser Wirtschaftszweige und ihrer Berufsgenossenschaften so eingeschätzt hat, daß er es für angebracht hielt, in § 9 Abs. 2 FRG für sie hinsichtlich der Fremdrentenlast eine abweichende Regelung zu treffen, so hat er damit die durch Art. 3 Abs. 1 GG seiner Beurteilungs- und Gestaltungsfreiheit gezogenen Schranken nicht überschritten. Für die Differenzierung zwischen gewerblichen und landwirtschaftlichen Berufsgenossenschaften einschließlich der Gartenbau-Berufsgenossenschaft lassen sich sachlich vertretbare Gründe anführen; sie sind nicht willkürlich[17]."

Auch die Freistellung der Länder und Gemeinden von der Mittragung der Altrentenlast kann nicht als evident unsachlich angesehen werden. Das *Bundesverfassungsgericht* hat diese Freistellung im Fremdrentenurteil mit folgenden Erwägungen zutreffend begründet: „Länder, Gemeinden und deren Verbände haben als Versicherungsträger zwar auch für Unfälle in ihren Unternehmen einzustehen. Sie sind darüber aber auch Versicherungsträger für Unfälle besonderer Art, für deren Entschädigung besondere öffentliche Interessen maßgebend sind, so z. B. für Unfälle in Betrieben der Feuerwehr und Betrieben zur Hilfeleistung bei Unglücksfällen, für Unfälle bei Rettung aus Lebensgefahr, Hilfeleistung bei sonstigen Unglücksfällen oder gemeiner Gefahr oder Not und beim Blutspenden (§§ 627, 628, 537 Nr. 5 RVO). Es ist nicht sachwidrig, wenn das Fremdrentengesetz der Eigenart dieser Unfälle Rechnung trägt und — daran anknüpfend — Ländern, Gemeinden und deren Verbänden die Fremdrentenlast zugleich für alle anderen Unfälle abnimmt, für die sie nach § 9 Abs. 1 FRG zuständig wären[18]."

7. Mißt man an der hier ausgebreiteten Rechtsprechung des Bundesverfassungsgerichts die Vereinbarkeit eines Lastenausgleichsverfahrens zwischen den einzelnen Trägern der Arbeiterrentenversicherung und zwischen diesen und der Bundesversicherungsanstalt für Angestellte, so kann angesichts der unterschiedlichen Rücklagen- und Liquiditätsentwicklung zwischen den einzelnen Rentenversicherungsträgern, der (relativen) Verringerung der Zahl der die gegenwärtig auszuzahlenden Arbeiterrenten finanzierenden Arbeier und der (relativen) Vermehrung der Zahl der versicherungspflichtigen Angestellten die Einführung eines Lastenausgleichsverfahrens in Form eines Finanzausgleichs oder einer Gemeinlast unter dem Gesichtspunkt des Art. 3 Abs. 1 GG verfassungsrechtlich nicht beanstandet werden, solange nur sichergestellt ist, daß die jetzigen Beitragszahler und künftigen Rentenempfänger die ihnen zugesagten Renten erhalten werden.

---

[17] BVerfGE *14*, 221, 240; ebenso BVerfG NJW *1968*, 739, 741 und früher schon BVerfGE *4*, 7, 19; *11*, 105, 121 f.; vgl. auch Anm. 11.
[18] BVerfGE *14*. 221, 239; BVerfG NJW *1968*, 739, 741.

§ 5: Die Vereinbarkeit von sozialversicherungsrechtlichen Lastenausgleichsverfahren mit Art. 14 GG

Die gesetzliche Auferlegung von Geldleistungspflichten durch Einführung eines Lastenausgleichsverfahrens verstößt auch nicht gegen Art. 14 GG. Soweit die Sozialversicherungsträger dadurch belastet werden, kommt eine Verletzung des Art. 14 GG schon deshalb nicht in Betracht, weil Körperschaften und Anstalten des öffentlichen Rechts im Bereich der Wahrnehmung ihrer öffentlichrechtlichen Aufgaben den Schutz des Art. 14 GG nicht genießen[1]. Die Auferlegung von Geldleistungspflichten verletzt aber auch nicht vermögensrechtliche Individualinteressen der durch die Sozialversicherungsträger repräsentierten Beitragspflichtigen und Versicherten. Ein Verstoß gegen Art. 14 GG wäre nur zu bejahen, wenn diese im Vergleich zu anderen Rechtssubjekten, die sich in essentiell gleicher Lage befinden, ungleich behandelt und dadurch zu einem *Sonderopfer* genötigt würden[2]. Bei der Untersuchung der Frage, ob Art. 3 UVNG gegen den Gleichheitsgrundsatz verstößt, ist aber bereits nachgewiesen worden, daß ein solcher Verstoß jedenfalls bei Art. 3 UVNG nicht vorliegt. Die Bedenken, die *Forsthoff*[3] gegen die Gültigkeit des Art. 3 UVNG aus dem Aspekt des Verfassungsschutzes des Eigentums herleitet, sind auch nicht auf den Charakter der Altlastregelung als eines den betroffenen Unternehmen auferlegten Sonderopfer gestützt, sondern erschöpfen sich in einer Kritik des der Bundesverfassungsgerichtsentscheidung zum Investitionshilfegesetz entnommenen Satzes: „Wenngleich der Umfang der durch Art. 14 geschützten Objekte in Schrifttum und Rechtsprechung umstritten ist, besteht doch Einmütigkeit darüber, daß Art. 14 GG nicht das Vermögen gegen Eingriffe durch Auferlegung von Geldleistungen schützt[4]."

Das Verhältnis staatlicher Umverteilungsmaßnahmen zu Art. 14 GG erscheint in der Tat „nach wie vor ungeklärt"[5]. Die These, daß auch Geld

---

[1] Vgl. BVerfGE *21*, 362, 369 ff.; BVerfG NJW *1968*, 739, 742.

[2] Vgl. BGHZ *6*, 260, 276 ff.; ferner BGHZ *15*, 271; BGH NJW *1967*, 1749 ff.; 1855 ff.; *1968*, 648 ff.; BAG SAE *1966*, 122, 126; zusammenfassende Problemerörterung bei *Kimminich* in: Bonner Kommentar, 2. Aufl. 1964 ff., Art. 14 Anm. 46 ff.; *Wolf*, Verwaltungsrecht, Bd. 1, 7. Aufl. 1968, § 62 II b 4; *Hesse*, Grundzüge des Verfassungsrechts der BRD, 3. Aufl. 1969, S. 167 ff.

[3] Gutachten S. 20 ff.; Schriftsatz Vermögensbildungsgesetz.

[4] BVerfGE *4*, 7, 17.

[5] *Vogel*, Der räumliche Anwendungsbereich der Verwaltungsrechtsnorm, 1965, S. 389; vgl. auch *Imboden*, Die verfassungsrechtliche Gewährleistung des Privateigentums als Schranke der Besteuerung, Arch. f. Schweizerisches Abgabenrecht, Bd. *29* (1960/61), S. 2 ff.; *Lerche*, Übermaß und Verfassungsrecht, 1961, S. 179 f.; *Roth*, Die öffentlichen Abgaben und die Eigentumsgarantie des BGG, 1958; *Schnorr*, ZAS 68, 19 f.

(= Barvermögen) den Eigentumsschutz des Art. 14 GG genießt, ist allerdings, was *Forsthoff* nicht gesehen zu haben scheint (möglicherweise deshalb, weil er die materielle Einzelaktstheorie des Bundesgerichtshofs als Grundlage einer Abgrenzung zwischen zulässiger Konkretisierung der Sozialpflichtigkeit des Eigentums und zulässiger, aber entschädigungspflichtiger Enteignung ablehnt[6]), *praktisch bedeutungslos*. Greift man nämlich durch den Schleier der formalen Allgemeinheit der Deduktionen *Forsthoffs* hindurch, so zeigt sich, daß auch nach seiner Ansicht nur solche Eingriffe in das Barvermögen unzulässig sein sollen, die den Betroffenen in einer mit dem Gleichheitsgrundsatz unvereinbaren Weise ein Sonderopfer auferlegen. Das verneint *Forsthoff* zu Recht bei (gemessen am Gleichheitsprinzip) inhaltlich nicht zu beanstandenden Vorzugslasten (= Beiträge), Gebühren, Ausgleichsabgaben, öffentlichrechtlichen (Zwangs-)Mitgliedschaftsbeiträgen, Steuern und Zöllen. *Forsthoffs* Argumentation aus Art. 14 GG hat also gar keine *eigenständige* Bedeutung, sondern begründet lediglich die sich bereits aus dem Gesichtspunkt des Art. 3 GG ergebende Nichtigkeit einer willkürlichen Auferlegung von Geldleistungspflichten aus einem *weiteren* Gesichtspunkt.

Die von *Forsthoff* im Hinblick auf das 2. Vermögensbildungsgesetz[7] gestellte Frage, ob sonstige direkte Umverteilungen, die sich nicht der Formtypik der Vorzugslast, der Gebühr, des öffentlichrechtlichen Mitgliedschaftsbeitrags, der Ausgleichsabgabe und der Steuer oder des Zolls unterordnen lassen, im Hinblick auf Art. 14 GG auch dann unzulässig sind, wenn sie nicht den Gleichheitsgrundsatz verletzen, braucht hier nicht näher erörtert zu werden. Sie ist u. E. zu verneinen, da den Betroffenen in diesen Fällen kein Sonderopfer auferlegt und damit nicht das Eigentum im Sinne des Art. 14 GG in unzulässiger Weise beeinträchtigt wird. Die Rechtsprechung hat daher im Ergebnis zu Recht den Schutz des Art. 14 GG nicht auf die Auferlegung von Geldleistungspflichten, die lediglich das Vermögen als Ganzes in Form einer Belastung betreffen, erstreckt, sondern auf individualisierte Vermögensrechte beschränkt[8].

---

[6] Vgl. *Forsthoff*, Lehrbuch des Verwaltungsrechts, Bd. I, Allg. Teil, 9. Aufl. 1966, § 17, 2 (S. 315 ff.).

[7] Vgl. auch die ähnliche Problematik bei § 9 Abs. 3 Bergmanns-Versorgungsscheingesetz Nordrhein-Westfalen i. d. F. vom 9. 1. 1958 (dazu BAG SAE *1966*, 122 ff.).

[8] Vgl. BVerfGE 8, 274, 330; *10*, 89, 116; *10*, 354, 371; *11*, 105, 126; *14*, 221, 241; *19*, 119, 128 f.; BVerfG NJW *1966*, 150, 151; *1968*, 739, 742; BVerwGE *6*, 134; *10*, 3, 7; *12*, 114, 162; BFH JZ *1964*, 176; *v. Mangoldt - Klein*, Das Bonner Grundgesetz, Bd. 1, 2. Aufl., 1957, Art. 14 Anm. III 1 b, S. 425; *Kimminich*, in: Bonner Kommentar, 2. Aufl. 1964 ff., Art. 14 Rdnr. 11; *Giese - Schunck*, Grundgesetz, 7. Aufl. 1965, Art. 14 Anm. II 1 (S. 46); *Leibholz - Rinck*, Grundgesetz, 3. Aufl. 1968, Art. 14 Anm. 7; *Schmidt - Bleibtreu - Klein*, Kommentar zum Grundgesetz, 1967, Art. 14 Anm. 4 a. E.

Allenfalls könnte ein Verstoß gegen Art. 14 GG dann in Betracht kommen, wenn die Geldleistungspflicht *jedes Maß* übersteigt, d. h. den Aufbringungspflichtigen übermäßig belastet und seine Vermögensverhältnisse grundlegend verschlechtert[9]. Die Belastung der Unternehmen der gewerblichen Wirtschaft durch die Umlage der Altrentenlast des Bergbaus betrug im Jahre 1963 0,256 DM, im Jahre 1964 0,239 DM und im Jahre 1965 0,221 DM pro 100,— DM Lohnsumme (wobei der Freibetrag von 30 000,— DM je Unternehmen bereits ausgeklammert ist)[10]. Dieser mit der ständigen Verringerung der Zahl der Empfänger von Altrenten in Zukunft weiter abnehmende Umlageanteil ist so gering, daß dadurch keine übermäßige Belastung der betroffenen Unternehmen, auf gar keinen Fall eine Existenzgefährdung eintritt.

Forsthoff[11] setzt sich indes über diese gefestigte Rechtsansicht mit der Behauptung hinweg, daß Art. 14 GG lediglich die Auferlegung von Geldleistungspflichten in Form von Staatseinkünften (Steuern, Vorzugslasten, Ausgleichsabgaben), die unmittelbar dem Bund, den Ländern oder den Gemeinden zufließen, zulasse, dagegen die *direkte* Zuteilung der Gelder an Dritte, zu denen *Forsthoff* auch die aus der *unmittelbaren Staatsverwaltung* ausgegliederten Personalkörperschaften des öffentlichen Rechts zählt, ausschließe. Dabei wird allerdings nicht recht deutlich, ob *Forsthoff* in der Altlastregelung begrifflich eine (allerdings weder logisch noch praktisch vollziehbare, da eine gleichhohe, sofortige Geldentschädigung durch die öffentliche Hand nach sich ziehende) Enteignung oder eine mit der u. a. aus Art. 14 GG zu destillierenden rechtsstaatlichen Formtypik sozialer Umverteilung unvereinbare Maßnahme sieht.

Die von *Forsthoff* getroffene Differenzierung läßt sich jedenfalls interpretativ nicht aus Art. 14 GG entnehmen. Art. 14 GG bezweckt den Schutz des Eigentums vor Eingriffen von hoher Hand, ohne eine Aussage über den Kreis der Rechtssubjekte zu treffen, an die im Falle einer Enteignung die Geldleistung erbracht werden darf. Aus der Person des durch die Umverteilung wirtschaftlich begünstigten Destinatärs kann die Unzulässigkeit des Eingriffs nicht begründet werden. Mit anderen Worten: Art. 14 GG schützt den einzelnen, soweit die Entziehung des Eigentums als solche zulässig ist, nicht aber davor, daß das ihm an sich zulässigerweise entzogene Eigentum nicht unmittelbar einem anderen zugute kommt[12].

---

[9] Vgl. BVerfGE *14*, 221, 241; BVerfG NJW *1966*, 150, 151; NJW *1968*, 739, 742.

[10] Vgl. dazu *Watermann*, Die Entlastung der Bergbau-Berufsgenossenschaft, in: Der Kompaß, Zeitschrift für Sozialversicherung im Bergbau, *1965*, 10 und *1966*, 106 ff.

[11] Gutachten S. 27 ff.; Ergänzungsgutachten S. 5 ff.; Schriftsatz Vermögensbildungsgesetz und BB *1965*, 301 ff.

[12] In diesem Sinne auch BVerfG NJW *1969*, 309, 312.

An dieser Bewertung kann auch die Überlegung nichts ändern, daß durch die Erfüllung der Geldleistungspflicht die Liquidität des Betriebes vermindert wird. Das *Bundesverfassungsgericht* (BVerfGE 4, 7, 17) hat dazu zutreffend festgestellt: „Das gehört zum Wesen jeder Geldleistungspflicht. Die Liquidität eines Betriebes ist zwar eine wirtschaftliche Position, aber kein selbständiges Recht; die Frage der Eigentumsgarantie kann daher überhaupt nicht aufgeworfen werden."

§ 6: Die Vereinbarkeit von sozialversicherungsrechtlichen Lastenausgleichsverfahren mit Art. 2 Abs. 1 GG

Sozialversicherungsrechtliche Finanzausgleichs- und Gemeinverfahren bedeuten auch keinen Verstoß gegen Art. 2 Abs. 1 GG. Art. 2 Abs. 1 GG gewährleistet nach gefestigter Rechtsprechung die *allgemeine Handlungsfreiheit*, und zwar auch auf wirtschaftlichem Gebiet[1], so daß eine gewisse Beeinträchtigung der zur Aufbringung der Lastenausgleichsbeträge verpflichteten Beitragszahler in der Freiheit ihrer materiellwirtschaftlichen Betätigung nicht geleugnet werden kann. Daß Art. 2 Abs. 1 GG nur vor *ernstlichen* Beeinträchtigungen der allgemeinen Handlungsfreiheit schützt, wie BVerfG NJW *1968*, 739 (741 f.) meint, widerspricht der bisherigen Rechtsprechung des Gerichts; es dürfte sich in dieser Äußerung um eine durch die Kürze der Begründung verursachte sprachliche Fehlleistung handeln, hinter der sich keine Neuinterpretation des Art. 2 Abs. 1 GG ankündigt.

Die Beeinträchtigung der allgemeinen Handlungsfreiheit ist jedoch nach der Judikatur des Bundesverfassungsgerichts zulässig, wenn das Art. 2 Abs. 1 GG einschränkende Gesetz „formell und materiell der Verfassung gemäß"[2], d. h. „formell und inhaltlich mit der Verfassung (außerhalb des Art. Art. 2) voll vereinbar ist"[3]. Das ist der Fall, wenn die Norm „keinem Satz der geschriebenen Verfassung, aber auch keinem der sie übergreifenden und durchdringenden allgemeinen Rechtsgrund-

---

[1] Vgl. grundlegend BVerfGE *6*, 32, 36 f.; ferner etwa BVerfGE *7*, 89, 92; 7, 111, 119; 8, 274, 328; 9, 3, 11; 9, 83, 88; 9, 137, 146; 10, 89, 99; *10*, 354, 363; 12, 341, 347; *17*, 306, 313; 20, 150, 157; *20*, 323, 336; *Nipperdey - Wiese,* Freie Entfaltung der Persönlichkeit, in: Bettermann - Nipperdey: Die Grundrechte, Bd. IV/2, 1962, S. 741 ff.; *Nipperdey - Schneider,* Die Steuerprivilegien der Sparkassen, 1965, S. 69 ff.; *Rupp,* NJW *1967,* 2037; *W. Schmidt,* AöR 91 (1966), S. 42 ff. Zum Verhältnis von Art. 2 Abs. 1 GG und den übrigen Grundrechtsbestimmungen vgl. *Säcker,* BB *1966,* 1031, 1032 m. w. N.
[2] BVerfGE *6,* 32, Leitsatz 3 (Elfes-Urteil).
[3] BVerfGE *9,* 137, 146; *17,* 306, 313.

sätze, namentlich nicht dem Grundsatz der Rechtsstaatlichkeit und dem Sozialstaatsprinzip widerspricht"[4]. Ein solcher Widerspruch liegt nicht vor.

1. Sozialversicherungsinterner Lastenausgleich als rechtsstaatswidriges Maßnahmegesetz?

Sozialversicherungsrechtliche Lastenausgleichsregelungen sind, auch wenn sie aus konkretem Anlaß zur Beseitigung einer konkreten sozialen oder wirtschaftlichen „Störungslage"[5] geschaffen werden, keine gemäß Art. 19 Abs. 1 GG unzulässigen (getarnten) *Einzelfallgesetze*. Denn sie beschreiben den Tatbestand, für den sie gelten sollen, generell und beanspruchen nach ihrer Fassung Geltung für eine unbestimmte Vielzahl künftiger, nicht (genau) überschaubarer Situationen[6].

Sie sind auch keine rechtsstaatswidrigen, Art. 20 GG verletzenden *Maßnahmegesetze*.

Der soziologische, rechtsdogmatisch bislang nur unzureichend konturierte Begriff des Maßnahmegesetzes wird zur Kennzeichnung der modernen sozialstaatlichen Gesetze verwandt, die als rasche staatliche Reaktion auf konkrete Störungslagen notwendig sachnahen, interventionistischen und situationsgebundenen Charakter tragen. Das Maßnahmegesetz ist geradezu „die sozialstaatliche Form des rechtsstaatlichen Gesetzesbegriffs"[7]. Gegen ihre Zulässigkeit bestehen, wenn sie Art. 19 Abs. 1 S. 1 und Art. 3 Abs. 1 GG beachten, keine Bedenken aus dem Rechtsstaatsprinzip[8].

---

[4] Vgl. BVerfGE *10*, 354, 363; BVerfG NJW *1963*, 29, 31 f.; *Nipperdey - Wiese*, a.a.O. (s. Anm. 1), S. 794 ff.; *Nipperdey - Schneider*, a.a.O. (s. Anm. 1), S. 77 ff. m. w. N. Wenn *E. Hesse*, Die Bindung des Gesetzgebers an das Grundrecht des Art. 2 Abs. 1 GG bei der Verwirklichung einer verfassungsmäßigen Ordnung, 1968, S. 18 ff. und *Rupp*, NJW 67, 2037 ff. in der späteren Rechtsprechung des BVerfG glauben, Widersprüche in der Interpretation des Art. 2 Abs. 1 GG entdecken zu können, weil das BVerfG *unverhältnismäßige* Beschränkungen der Handlungsfreiheit verwirft (vgl. BVerfGE *10*, 354, 363 f., 369; *12*, 341, 347; *13*, 230, 234 f.; *15*, 235, 242 f.; *17*, 306, 315, 317; *18*, 315; *19*, 93, 96; *20*, 150, 159), so überzeugt das nicht. Der Verhältnismäßigkeitsgrundsatz ist ein Element dem materiellen Rechtsstaates, also eines *außerhalb* von Art. 2 Abs. 1 GG stehenden Rechtsgrundsatzes.

[5] E. R. *Huber*, DÖV *1956*, 204.

[6] Vgl. BVerfGE *7*, 150 f.; *8*, 333, 361; *10*, 234, 241 ff.; *13*, 225, 229; BVerfG NJW *1968*, 1467, 1470.

[7] K. *Huber*, Maßnahmegesetz und Rechtsgesetz, 1963, S. 182.

[8] Vgl. BVerfGE *10*, 89, 108; *15*, 126, 146 f.; BVerfG NJW *1968*, 1467, 1470; NJW *1969*, 499, 500; ferner C. *Schmitt*, Die Diktatur des Reichspräsidenten, in: Diktatur, 2. Aufl. 1928, S. 213 ff.; *ders.*, Legalität und Legitimität, 1932, S. 70 ff.; *Forsthoff*, Über Maßnahmegesetze, in: Gedächtnisschrift für W. Jellinek, 1955, S. 221 ff.; *Zeidler*, Maßnahmegesetz und „klassisches" Gesetz, 1961, insbes. S. 160 ff.; *Enneccerus - Nipperdey*, Allgemeiner Teil des Bürgerlichen Rechts, Bd. I, 1959/60, §§ 35 II 7, 48 III; *Ballerstedt*, Über wirtschaftliche Maß-

2. Sozialversicherungsinterner Lastenausgleich als staatshaushaltsrechtswidrige Maßnahme?

Sozialversicherungsrechtliche Lastenausgleichsverfahren verstoßen schließlich auch nicht gegen finanzverfassungs- oder staatshaushaltsrechtliche Vorschriften des Grundgesetzes.

Das Grundgesetz enthält in den Art. 105 ff. GG keine Bestimmung, die es gebietet, alle in der Bundesrepublik kraft staatlichen Zwangs erhobenen staatsbürgerlichen Abgaben als Einnahmen in den Haushalt des Bundes, eines Landes bzw. einer Gemeinde aufzunehmen. Demgemäß erscheinen z. B. weder die Gebühren der Notare, der Fleischbeschauer und Schornsteinfeger noch die an rechtsfähige Körperschaften und Anstalten des öffentlichen Rechts entrichteten Mitgliedschaftsbeiträge in einem staatlichen Haushalt. Dies trifft seit Bestehen uneingeschränkt für die Sozialversicherungsträger zu.

Daher ist die These *Forsthoffs* nicht recht begreiflich, es gebe „keine staatsbürgerlichen Abgaben kraft staatlichen Zwangs, die nicht als Einnahmen im staatlichen Haushalt erscheinen müssen"[9]. Dieser Einwand ist zudem nicht neu. *Forsthoff* hat ihn bereits zur Begründung der Verfassungswidrigkeit des Investitionshilfegesetzes und des Zweiten Vermögensbildungsgesetzes vorgebracht[10], ohne damit jedoch irgendwo auf Zustimmung zu stoßen.

Das *Bundesverfassungsgericht* hat in seiner Entscheidung zum Investitionshilfegesetz die Argumentation *Forsthoffs* mit der Feststellung zurückgewiesen: „Eine Prüfung von Amts wegen würde im übrigen ergeben, daß die Investitionshilfemittel, da sie keine Bundeseinnahmen sind, nicht in den Bundeshaushalt aufgenommen werden müssen[11]." *Herschel* und *Scheuner* haben die haushaltsrechtlich motivierten Einwände Forsthoffs gegen das Zweite Vermögensbildungsgesetz in überzeugender Weise widerlegt[12].

---

nahmegesetze, in: Festschrift für Schmidt-Rimpler, 1957, S. 369 ff.; *Scheuner*, DÖV *1957*, 633, 635; DÖV *1960*, 601, 602; *Menger*, Das Gesetz als Norm und Maßnahme, in: Veröffentlichungen der Vereinigung der Deutschen Staatsrechtslehrer, Heft 15, 1957, S. 3 ff.; *Werhahn*, ebd., S. 35 ff.; *v. Mangoldt - Klein*, Das Bonner Grundgesetz, 2. Aufl. 1957 ff., Art. 19 Anm. III 2.

[9] Vgl. Gutachten S. 23; ausführlich Schriftsatz Vermögensbildungsgesetz.

[10] Gutachten zum Investitionshilfegesetz (zitiert nach E. R. *Huber*, Wirtschaftsverwaltungsrecht, 2. Aufl. 1953/54, Bd. II, S. 243) und: Der Entwurf des Zweiten Vermögensbildungsgesetzes, BB *1965*, 381, 388.

[11] BVerfGE 4, 7, 26.

[12] Vgl. *Herschel*, Zu einer Kritik am Regierungsentwurf des Zweiten Vermögensbildungsgesetzes, Sonderdruck aus: Sozialer Fortschritt, Heft 6, 1965, S. 5 f.; *Scheuner*, Die Förderung der Vermögensbildung der Arbeitnehmer und das Verfassungsrecht, BABl. *1965*, 666, 685; *Scheuner - Reuß*, Zwei Rechtsgutachten zur Frage der Verfassungsmäßigkeit des Zweiten Vermögensbildungsgesetzes, 1968.

„Er (Forsthoff) meint, eine soziale Umverteilung dürfe zulässigerweise nur auf dem Wege der Besteuerung erfolgen. Nun ist es richtig, daß die Steuer heute, wie auch die Theorie anerkennt, eines der wichtigsten Mittel gesellschaftspolitischer Zielsetzung in der Einkommens- und Vermögensverteilung darstellt. Aber keineswegs stellt die Steuer das einzige rechtmäßige Mittel solcher in modernen Staaten an vielen Stellen verfolgter Zielsetzungen dar. Subventionen und Krediterleichterungen, familiengerechte Gehälter und Löhne sowie versicherungsrechtliche Leistungen stellen andere und ebenso wirksame Methoden der gesellschaftspolitischen Einflußnahme des modernen Staates dar. Der Grundsatz, den Forsthoff aufstellt, nur die Steuer stelle hier ein legitimes Mittel dar, entbehrt der Grundlage, ... Beiträge zu außerhalb der Staatseinkunft bestehenden Kassen, Fonds, Anlagemittel usw., die keine Einnahmetitel des Staates bilden, brauchen nicht im Haushalt zu erscheinen[13]."

Forsthoff selbst hat sich über diese seiner Ansicht entgegenstehenden Meinungen hinweggesetzt; er begnügt sich mit der Feststellung, daß sich seine Auffassung in der älteren budgetrechtlichen Literatur nicht finde. Sie findet sich aber auch nicht in der gesamten neueren Literatur. *Forsthoff* vermag kein einziges Zitat für seine Auffassung anzuführen. Aus dem Rechtsstaatsprinzip läßt sich seine Ansicht nicht herleiten, s. oben § 2 Anm. 23. Der von ihm zur Begründung seiner Ansicht weiterhin herangezogene Art. 110 GG enthält lediglich das Verfassungsgebot, daß die dem *Bund* zufließenden Einnahmen und Ausgaben für jedes Rechnungsjahr veranschlagt und in den Etat aufgenommen werden müssen[14]. Er betrifft ausschließlich das Verhältnis zwischen Parlament und Regierung innerhalb der Bundesorganisation[15] und dient der Kontrolle der Exekutive durch das Parlament. Aus diesen Zweckgedanken der Norm folgert *Vialon*[16] sogar, daß diese Norm ausschließlich zur Disposition des Parlaments stehe und dieses Ausnahmen von der Gesamteinstellung der öffentlichen Einnahmen und Ausgaben zulassen könne. Eine Schutzwirkung zugunsten des einzelnen Individuums ergibt sich jedenfalls nur insofern, als Art. 110 Abs. 1 GG verhindern soll, daß sich die Exekutive verschleierte Einnahmen ohne gesetzliche Grundlage verschaffe. Die Altlastumlage ist aber keine Einnahme der Bundesexekutive. Auch bei historisch-teleologischer Interpretation wäre es verfehlt, aus den haushaltsrechtlichen Vorschriften eine die Macht des Parlaments einschränkende Bestimmung gewinnen zu wollen. Denn das Haushaltsrecht formuliert „das Ergebnis der verfassungspolitischen

---

[13] *Scheuner*, a.a.O. (s. Anm. 12), S. 685.

[14] Vgl. dazu *Maunz*, Deutsches Staatsrecht, 16. Aufl. 1968, S. 287; *Schmidt-Bleibtreu*, Kommentar zum GG, Art. 110 Anm. 11 ff.; *Heckel*, in: Anschütz-Thoma, Handwörterbuch des deutschen Staatsrechts, Bd. II, 1932, S. 379.

[15] *v. Mangoldt*, Das Bonner Grundgesetz, 1953, Art. 110 Anm. 4 (S. 586); *Maunz*, in: Maunz-Dürig, Grundgesetz, 2. Aufl. 1964, Art. 110 Rdnr. 2; *Vialon*, Haushaltsrecht, 2. Aufl. 1959, S. 79.

[16] *Vialon*, a.a.O. (s. Anm. 15), S. 208.

§ 6: Lastenausgleich und allgemeine Handlungsfreiheit

Kämpfe im vorigen Jahrhundert: das Parlament zum Herren der Staatstätigkeit zu machen"[17].

Bei Abgaben, die nicht dem Bund als Einnahmen zufließen, wird der in Art. 110 GG enthaltene Grundsatz der *Etatvollständigkeit* somit nicht verletzt. *Forsthoff* selbst muß zugeben: „Das Gebot des Art. 110 GG hilft hier zunächst nicht weiter. Es diente der rechnerischen Evidenz, der Publizität der staatlichen Finanzgebarung und der politischen Kontrolle der Regierung durch das Parlament." Es muß daher unerfindlich bleiben, wie *Forsthoff* gerade bei Zugrundelegung der von ihm vertretenen streng juristischen, die Interpretation ausschließlich als Ermittlung der richtigen Subsumtion im Sinne des syllogistischen Schlusses verstehenden Auslegungsmethode[18] Art. 110 GG den keiner gesetzlichen Einschränkung fähigen Grundsatz entnehmen will, daß alle den Bürgern auferlegten Abgaben im staatlichen Haushalt als Einnahmen aufgeführt sein müssen.

Forsthoffs Forderung, der Staatshaushaltsplan solle im Dienste der Realisierung des Grundsatzes der Lastengleichheit aller Staatsbürger, der Steuergerechtigkeit und der Übersichtlichkeit der Belastungsrelationen stehen und deshalb sämtliche staatsbürgerlichen Abgaben durch Erfassung als Einnahmen transparent machen, mag rechtspolitisch, d. h. vom Standpunkt verfassungstranszendenter Kritik, durchaus erwägenswert sein. Im Wege der Verfassungsauslegung läßt sich diese Forderung aber nicht begründen. Sie ließe sich auch nur in einem streng zentralistisch organisierten Gemeinwesen verwirklichen, das weder einzelne Gliedstaaten noch aus der allgemeinen Staatsorganisation ausgegliederte Selbstverwaltungskörperschaften kennt und daher alle öffentlich-rechtlichen Abgaben als Einnahmen in einem einzigen Etat ausweisen kann. Folgerichtig zu Ende gedacht, wäre daher die von *Forsthoff* vertretene Interpretation des Art. 110 GG mit der fundamentalen, jeder legalen Abänderungsmöglichkeit (vgl. Art. 79 Abs. 3 GG) entzogenen Wertentscheidung des Grundgesetzgebers zugunsten eines förderativen Staatsaufbaus (Art. 20, 28 GG) unvereinbar.

Offenbar, um diese seine Gedankenführung rechtlich ad absurdum führende Konsequenz zu vermeiden, anerkennt *Forsthoff* alle finan-

---

[17] Vgl. *Henle*, Die Ordnung der Finanzen in der Bundesrepublik Deutschland, 1964, S. 43.
[18] Vgl. *Forsthoff*, Zur Problematik der Verfassungsauslegung, 1961, S. 26 ff.; Die Umbildung des Verfassungsgesetzes, in: Rechtsstaat im Wandel, 1964, S. 147, 152 ff.; kritisch dazu *Hollerbach*, AöR 85, 241 ff.; *Kriele*, Theorie der Rechtsgewinnung, 1967, S. 27 ff.; *Scheuner*, in: Hundert Jahre deutsches Rechtsleben, 1960, Bd. 2, S. 229, 259 ff.; *Maihofer*, Die Bindung des Richters an Gesetz und Recht, in: Annales Universitatis Saraviensis, 1960, S. 5 ff., 29 ff.; weitere Nachweise bei *Vogel*, Der räumliche Anwendungsbereich der Verwaltungsrechtsnorm, 1965, S. 137 f. Anm. 64 und S. 360 Anm. 10.

ziellen Abgaben als verfassungsgemäß, die in Form von Steuern, Beiträgen und Ausgleichsabgaben dem Bund bzw. einem innerstaatlichen Gemeinwesen (Land, Gemeinde) zu leisten sind und in deren Haushaltsplänen erscheinen. Diese Relativierung seiner Grundposition hält selbst einer immanenten Kritik nicht stand. Die von *Forsthoff* als Voraussetzung für die Abgabengerechtigkeit angestrebte Transparenz der Belastungsrelationen ist angesichts der Vielzahl der unabhängig und zeitlich im wesentlichen parallel zueinander aufgestellten Etats nicht zu realisieren. *Forsthoff* hat mithin die in Art. 3 UVNG getroffene Altlastregelung zu Unrecht als Zerstörung des bestehenden logisch folgerichtig und rechtsstaatlich gestalteten Abgabensystems angegriffen. Gegen *Forsthoffs* Folgerungen aus Art. 110 GG läßt sich daher nur mit *Forsthoff*[19] sagen: „Dafür fehlt jedoch jeder Beweis. Damit wird das Grundgesetz allen künftigen interpretatorischen Einfällen ausgeliefert."

---

[19] *Forsthoff*, Der Staat, Bd. 5 (1966), S. 1, 12.

4. Teil: Sozialer Lastenausgleich und Subventionsrecht

§ 7: Die Vereinbarkeit von sozialversicherungsrechtlichen Lastenausgleichsverfahren mit Art. 4 lit. c. EGKS-Vertrag

Für die auf dem integrierten Markt von Kohle und Stahl tätigen Unternehmen könnte sich die Unzulässigkeit von sozialversicherungsrechtlichen Finanzausgleichs- und Gemeinlastverfahren schließlich aus dem Subventionsverbot des Art. 4 lit. c EGKS-Vertrag ergeben. Nach dieser Bestimmung sind Subventionen und Beihilfen, die ein Mitgliedsstaat den auf dem Markt von Kohle und Stahl tätigen Unternehmen gewährt, unzulässig, „in welcher Form dies auch immer geschieht". Von der Geltung dieses generellen Subventionsverbotes nimmt Art. 68 § 1 EGKS-Vertrag aber die in den einzelnen Mitgliedsstaaten angewandten Formen der Festsetzung von Löhnen und Sozialleistungen in der Kohle- und Stahlindustrie ausdrücklich aus. Aus Art. 68 § 5 Abs. 2 EGKS-Vertrag geht eindeutig hervor, daß dieser Vertrag die Vorschrift über die Finanzierung der Sozialversicherung als eine Form der Festsetzung von Sozialleistungen wertet, so daß staatliche Maßnahmen auf dem Gebiet der Sozialversicherung dem Anwendungsbereich des Art. 4 lit. c EGKS-Vertrag durch die in Art. 68 §§ 1 und 5 Abs. 2 EGKS-Vertrag getroffenen Sonderregelungen („lex speciales") entzogen sind. Diese Rechtsansicht entspricht der allgemeinen Ansicht in der Literatur zum EGKS-Vertrag[1].

Die Mitgliedsstaaten bleiben nach Art. 68 EGKS-Vertrag somit Herren ihrer Sozialpolitik. Die Hohe Behörde ist aufgrund des Vertrages

---

[1] Vgl. *Aurisch*, Das Subventionsverbot des Art. 4 lit. c EGKS-Vertrag und Art. 3 UVNG, Diss. Köln 1965, S. 83 ff., 92; *Bennecke*, Die Subventionspolitik der Hohen Behörde der Europäischen Gemeinschaft für Kohle und Stahl und ihre Auswirkungen auf den Kohlenbergbau dieser Gemeinschaft, Schriftenreihe des Instituts für Wirtschaftswissenschaften an der Rhein.-Westf. Techn. Hochschule Aachen, Hrsg. v. B. Röper und H. Vormbaum, 1965, S. 84, 85, Fn. 190; *Constantinesco*, Contribution au problème des rapports entre l'ordre juridique interne des Etats membres, Actes officiels du congrès internationale d'études sur la Communauté européenne du Charbon et de l'Acier, Mailand 1957, Bd. II, S. 211 ff., 219; *Koppensteiner*, Das Subventionsverbot im Vertrag über die Europäische Gemeinschaft für Kohle und Stahl, 1965, S. 178, 179; in: Groeben-Boeckl, Kommentar zum EWG-Vertrag, Bd. I, 1958, Art. 92 S. 301.) *Reuter*, La Communauté européenne du Charbon et de l'Acier, Paris 1953, S. 195. (Ebenso ist anerkannt, daß Zuschüsse zur Sozialversicherung nicht unter das Subventionsverbot des Art. 92 EWG-Vertrag fallen; vgl. *Thiesing*, in: Groeben-Boeckl, Kommentar zum EWG-Vertrag Bd. I, 1958, Art. 92, S. 301.)

(Art. 68 § 5 Abs. 2, Art. 67 §§ 2 und 3 EGKS-Vertrag) nur dann berechtigt einzugreifen, wenn die von den Mitgliedsstaaten eingeführten Änderungen der Vorschriften über die Sozialleistungen oder über ihre Finanzierung geeignet sind, den Wettbewerb auf dem gemeinsamen Markt zu verfälschen. Selbst wettbewerbsverfälschende Finanzierungsmaßnahmen sind also nicht per se nichtig. Die Hohe Behörde kann hier nur durch Empfehlung darauf hinwirken, daß die mit dem gemeinsamen Markt unvereinbaren Auswirkungen der Finanzierungsvorschriften beseitigt werden. Die Hohe Behörde hat im Bulletin der Europäischen Gemeinschaften für Kohle und Stahl[2] ausdrücklich alle Maßnahmen der Mitgliedsstaaten gebilligt, die darauf abzielen, die anomal hohen, vom Bergbau aufzubringenden Lasten auf die Allgemeinheit zu überwälzen. Die Regierungen der Mitgliedsstaaten haben ihrerseits die Hohe Behörde in dem Protokoll des Abkommens betreffend die Energiefragen vom 21. April 1964[3] ersucht, ihnen „Verfahrensvorschläge zur Anwendung eines gemeinschaftlichen Systems von staatlichen Beihilfen zu unterbreiten".

Aufgrund dieses Beschlusses hat die Hohe Behörde gemäß Art. 95 EGKS-Vertrag die Entscheidung Nr. 3/65 vom 17. Februar 1965 über das gemeinschaftliche System von Maßnahmen der Mitgliedsstaaten zugunsten des Steinkohlenbergbaus[4] erlassen. Art. 2 Abs. 2 der Entscheidung lautet: „Staatliche Maßnahmen zur Finanzierung der Sozialleistungen, die bewirken, daß für die Unternehmen des Steinkohlenbergbaus das Verhältnis der Lasten je beschäftigtem Bergarbeiter zu den Leistungen je Leistungsempfänger auf das Niveau des entsprechenden Verhältnisses in den anderen Industrien zurückgeht, sind als mit dem Gemeinsamen Markt vereinbar anzusehen." In den der Entscheidung vorangestellten Erwägungen (S. 481/65) begründet die Hohe Behörde diesen Standpunkt mit den Worten: „Was hierbei die anomalen Lasten des Steinkohlenbergbaus betrifft, die insbesondere auf den erheblichen Rückgang der Anzahl der beschäftigten Bergarbeiter zurückzuführen sind, so treten sie darin in Erscheinung, daß das Verhältnis der Lasten je beschäftigtem Bergarbeiter zu den Leistungen je Leistungsempfänger wesentlich größer geworden ist, als das entsprechende Verhältnis in anderen Industrien.

Die Maßnahmen der Mitgliedsstaaten, die dieses Verhältnis auf den für die übrigen Industrien geltenden Satz zurückzuführen, können also sicherlich als mit dem Gemeinsamen Markt vereinbar angesehen werden. Indem die nachstehende Entscheidung diesen Grundsatz aufstellt,

---

[2] Nr. 53, 10. Jahrgang, Nr. 1/65, S. 29.
[3] Amtsblatt der Europäischen Gemeinschaften Nr. 69, S. 1099/64.
[4] Amtsblatt der Europäischen Gemeinschaften Nr. 31, S. 483/65.

§ 7: Lastenausgleich und EGKS-Vertrag

soll sie wesentlich dazu beitragen, die Wettbewerbsbedingungen im Steinkohlenbergbau wieder auf normale Grundlagen zurückzuführen."

In ihrem Bericht über die finanziellen Maßnahmen der Mitgliedsstaaten zugunsten des Steinkohlenbergbaus im Jahre 1965 vom 15. 9. 1965[5] geht die Behörde gleichfalls aus von der Rechtswirksamkeit der Beteiligung der übrigen gewerblichen Berufsgenossenschaften an der Finanzierung der Bergbau-Altlast, „die wegen der Regression des Bergbaus und der hieraus resultierenden demographischen Disproportion eine unvertretbare Mehrbelastung darstelle"[6]. Zwischen der in Art. 3 §§ 1 und 2 UVNG getroffenen Altlastregelung und den Bestimmungen des EGKS-Vertrages besteht somit kein Widerspruch; montanunionsrechtliche Bestimmungen werden durch Art. 3 UVNG nicht verletzt[7].

Zu der sehr strittigen Frage, ob das Staatengemeinschaftsrecht überhaupt absoluten Geltungsvorrang vor späterem nationalen Gesetzesrecht hat, braucht daher nicht Stellung genommen zu werden. Die herrschende Lehre bejaht nach wie vor die Anwendbarkeit des Satzes von der lex posterior („lex posterior derogat legi priori") im Verhältnis von Staatengemeinschaftsrecht zu nationalem Recht. Ein nach Inkrafttreten des EGKS-Vertrages erlassenes deutsches Gesetz ist daher nicht per se wegen materiellen Widerspruchs zum europäischen Gemeinschaftsrecht nichtig[8].

---

[5] Dokument Nr. 6100/65 d, S. II/8 und Anlage A S. 1, ebenso 14. Gesamtbericht der Hohen Behörde über die Tätigkeit der Gemeinschaft (1. Februar 1965—31. Januar 1966), S. 91 und 96.

[6] Dokument Nr. 6100/65 d, S. II/8; vgl. auch Kompaß, 1966, S. 106 ff.

[7] Ebenso BVerfG NJW *1968*, 739, 742.

[8] Vgl. dazu im Sinne der herrschenden Lehre *Constantinesco*, JuS *1965*, 289, 340, 347; *Daig*, Berichte der Deutschen Gesellschaft für Völkerrecht, Heft 2, 1958, S. 124; *Erler*, VVdStRL, Heft *18* (1960), S. 19, 22; *v. d. Heydte*, Berichte der Deutschen Gesellschaft für Völkerrecht, Heft 2, 1958, S. 129; *Jaenicke*, ZaöRV Bd. *23*, 1964, 525, 534; *ders.*, Aktuelle Fragen des europäischen Gemeinschaftsrechts, 1965, S. 110; *Jerusalem*, Das Recht der Montanunion, 1954, S. 71; *Knopp*, JZ 1961, 310, 308 FN 42; *Koppensteiner*, Das Subventionsverbot im Vertrag über die Europäische Gemeinschaft für Kohle und Stahl, 1965, S. 173; *Küchenhoff*, DÖV 1963, 163; *v. Münch*, Berichte der Deutschen Gesellschaft für Völkerrecht, Heft 2, 1958, S. 77; *Scheuner*, Festschrift für Verdross, 1960, S. 229, 240 f.; *Schlochauer*, Archiv des Völkerrechts, Bd. *11* (1963/64), 1, 27; *Schröcker*, DVBl. 1958, 417; *de Visscher*, Actes officiels du congrès international d'études sur la Communauté européenne du Charbon et de l'Acier, Mailand 1957, Bd. II, S. 48; *Wagner*, Grundbegriffe des Beschlußrechts der Europäischen Gemeinschaften, 1965, S. 356; anderer Ansicht *Bülow*, in: Aktuelle Fragen des europäischen Gemeinschaftsrechts, 1965, S. 28, 51; *Carstens*, Festschrift für Riese, 1964, S. 65, 78; *Ehle*, MDR *1964*, 13; *Furler*, NJW *1965*, 1401, 1404; *Hallstein*, BB *1964*, 854; *Ipsen*, Aktuelle Fragen des europäischen Gemeinschaftsrechts, 1965, S. 1, 26; *Ophüls*, Bericht für die 2. Internationale Tagung über das Recht der europäischen Gemeinschaften, Den Haag 1963, S. 19 (Bericht in NJW 1964, 341); *ders.*, Staatshoheit und Gemeinschaftshoheit, Wandlungen des Souveränitätsbegriffs, in: Recht im Wandel, Heymanns-Festschrift, 1965, S. 519, 551 ff.; *Steindorff*, Rechtsschutz und Ver-

5. Teil: Ergebnis der Untersuchung

Die verfassungsrechtliche Untersuchung hat am Beispiel des durch Art. 3 § 1 UVNG vom 30. 4. 1963 (BGBl. I, 241) in der gesetzlichen Unfallversicherung geschaffenen Gemeinlastverfahrens gezeigt, daß bei Beachtung des Gleichheitssatzes sozialversicherungsrechtliche Lastenausgleichsverfahren (Finanzausgleichs-, Gemeinlastverfahren) zwischen verschiedenen rechtlich selbständigen Versicherungsträgern vom Gesetzgeber eingeführt werden können, ohne dabei gegen sonstige Normen der Verfassung oder des Staatengemeinschaftsrechts (Art. 2, 14, 19, 20 GG; Art. 4 lit. c EGKS-Vertrag) zu verstoßen.

Es liegt in der spezifischen Eigenart des Finanzierungssystems der gesetzlichen Sozialversicherung begründet, daß bei längerfristigen, Rücklagen aufzehrenden Änderungen der Einnahme- oder Ausgaben*struktur* eines oder mehrerer Sozialversicherungsträger, wenn deren organisatorische Selbständigkeit aufrechterhalten werden soll, zur Befriedigung der Leistungsansprüche der Versicherten ein die Liquidität der notleidenden Versicherungsträger garantierendes Lastenausgleichsverfahren eingeführt werden muß, sofern weder die Beiträge noch die Bundeszuschüsse (vgl. Art. 120 Abs. 1 GG) in einer die Ausgaben deckenden Weise erhöht werden sollen.

Ein Lastenausgleichsverfahren ist mit Art. 3 Abs. 1 GG vereinbar, wenn es zwischen den benachteiligten und den von der Strukturveränderung begünstigten bzw. aus sonstigen nicht sachfremden Gründen zur solidarischen Hilfe verpflichteten Sozialversicherungsträgern durchgeführt wird.

---

fahren im Recht der europäischen Gemeinschaften, 1964, S. 52; *ders.*, in: Strupp-Schlochauer, Wörterbuch des Völkerrechts, Bd. I, S. 463; *Wohlfahrt*, Juristen-Jahrbuch, Bd. 3 (1962/63), S. 241, 265; *Zweigert*, RabelsZ. *1964*, 601, 640; *Maunz*, in: Maunz-Dürig, GG, Art. 24 Anm. 11. Das BVerfG NJW *1968*, 348 hat diese Frage nicht zu entscheiden brauchen; BVerfG NJW *1968*, 739, 742 läßt die Frage gleichfalls zu Recht dahingestellt.

Printed by Libri Plureos GmbH
in Hamburg, Germany